A SALA
DE AULA
COMO
ECOSSISTEMA

Dados Internacionais de Catalogação na Publicação (CIP)
(Câmara Brasileira do Livro, SP, Brasil)

Pischetola, Magda

A sala de aula como ecossistema: tecnologias, complexidade e novos olhares para a educação / Magda Pischetola, Lyana Virgínia Thédiga de Miranda. – Petrópolis : Vozes. Rio de Janeiro : Editora PUC, 2021.

Bibliografia.
ISBN 978-65-5713-029-2 (Vozes)
ISBN 978-65-88831-15-1 (PUC-Rio)

1. Tecnologia educacional. 2. Escolas. 3. Tecnologia da informação. I. Miranda, Lyana Virgínia Thédiga de. II. Título.

CDD: 371.33

Elaborado por Sabrina Dias do Couto – CRB-7/6138
Divisão de Bibliotecas e Documentação – PUC-Rio

MAGDA PISCHETOLA
LYANA THÉDIGA DE MIRANDA

A SALA DE AULA COMO ECOSSISTEMA

TECNOLOGIAS, COMPLEXIDADE E NOVOS OLHARES PARA A EDUCAÇÃO

© 2019, Editora Vozes Ltda.
Rua Frei Luís, 100
25689-900 Petrópolis, RJ
www.vozes.com.br
Brasil

Todos os direitos reservados. Nenhuma parte desta obra poderá ser reproduzida ou transmitida por qualquer forma e/ou quaisquer meios (eletrônico ou mecânico, incluindo fotocópia e gravação) ou arquivada em qualquer sistema ou banco de dados sem permissão escrita da editora.

CONSELHO EDITORIAL

Diretor
Gilberto Gonçalves Garcia

Editores
Aline dos Santos Carneiro
Edrian Josué Pasini
Marilac Loraine Oleniki
Welder Lancieri Marchini

Conselheiros
Francisco Morás
Ludovico Garmus
Teobaldo Heidemann
Volney J. Berkenbrock

Secretário executivo
João Batista Kreuch

Revisão de texto: Cristina da Costa Pereira
Diagramação: SBNigri Artes e Textos Ltda.
Capa: Flávia da Matta Design
Arte-finalização: Editora Vozes

ISBN 978-65-5713-029-2 (Vozes)
ISBN 978-65-88831-15-1 (PUC-Rio)

Editado conforme o novo acordo ortográfico.

© **Editora PUC-Rio**
Rua Marquês de S. Vicente, 225
Casa da Editora PUC-Rio
Gávea - Rio de Janeiro - RJ
CEP 22451-900
T 55 21 3527-1760/1838
edpucrio@puc-rio.br
www.editora.puc-rio.br

Reitor
Prof. Pe. Josafá Carlos de Siqueira SJ

Vice-Reitor
Prof. Pe. Anderson Antonio Pedroso SJ

Vice-Reitor para Assuntos Acadêmicos
Prof. José Ricardo Bergmann

Vice-Reitor para Assuntos Administrativos
Prof. Ricardo Tanscheit

Vice-Reitor para Assuntos Comunitários
Prof. Augusto Luiz Duarte Lopes Sampaio

Vice-Reitor para Assuntos de Desenvolvimento
Prof. Sergio Bruni

Decanos
Prof. Júlio Cesar Valladão Diniz (CTCH)
Prof. Luiz Roberto A. Cunha (CCS)
Prof. Sidnei Paciornik (CTC)
Prof. Hilton Augusto Koch (CCBS)

Conselho Gestor Editora PUC-Rio
Augusto Sampaio, Danilo Marcondes, Felipe Gomberg, Hilton Augusto Koch, José Ricardo Bergmann, Júlio César Valladão Diniz, Sidnei Paciornik, Luiz Roberto Cunha e Sergio Bruni.

Este livro foi composto e impresso pela Editora Vozes Ltda.

Para Iris e Érico, responsáveis por nossa reinvenção.

Sumário

Prefácio | Por Vera Maria Candau 9

Apresentação | Por Ralph Bannell 13

Introdução 23

Didática, TIC e os mitos contemporâneos na educação 31
As dimensões da didática e o lugar da tecnologia 34
A crise da escola e as tecnologias 40
Aspectos da crise da escola 45
Mitos e tecnologias 56
Metodologias ativas: simplificando a complexidade 65

Entre centro e conexão: antigos e novos equívocos 75
As tecnologias e o paradigma emergente 77
Do mundo objetivo ao mundo situado 81
Implicações da consciência da complexidade para a
educação 86
O aluno deve estar "no centro" do processo de
aprendizagem? 90
O professor é responsável pela mudança de paradigma? 104

A sala de aula como lugar da complexidade 113
A escola como sistema aberto, dinâmico e complexo 122
A ecologia dos meios aplicada à educação 129
Arquitetura reticular e a sala de aula 135
A educação se reapropriando do discurso pedagógico 143
Propostas para uma didática situada 156

Bibliografia 171

Prefácio

Por Vera Maria Candau

Departamento de Educação da PUC-Rio

A crise da educação escolar constitui um tema recorrente nas últimas décadas. Não se trata de um tema novo. Diferentes autores, a partir de diversas perspectivas, o têm abordado. No entanto, apesar desta ampla reflexão e do crescente mal-estar entre os profissionais da educação e os próprios alunos e alunas, não parece que mudanças significativas têm sido mobilizadas.

Para Canário (2013, p. 326),

> A escola que temos hoje e que cresceu de uma maneira exponencial na segunda metade do século XX em todo o mundo, que é a escola herdada do século XIX, é uma escola que perdeu o prazo de validade, é obsoleta e não tem futuro. Não sou adivinho, não faço profecias, portanto, não posso dizer como vai ser a educação daqui a cinquenta anos. Agora, o de que estou convicto é que a escola já está sofrendo uma mutação profunda e passando por uma situação que não tem volta, quer dizer, a escola não tem retorno, é uma suposta idade de ouro do passado em que funcionava bem, os atuais problemas que a escola tem, e que são muito graves, são inultrapassáveis com base na própria lógica da escola.

Nesta perspectiva, é o próprio *formato* escolar (Dubet, 2011), marcado pela lógica da modernidade, que está em questão. Este desafio questiona os conhecimentos e as pesquisas vigentes no âmbito da educação e nos obriga a investir em uma compreensão mais aprofundada da realidade das escolas e do trabalho docente hoje; a buscar caminhos de promover processos de ensino e de aprendizagem mais significativos e produtores de criatividade e construção de sujeitos de direito, tanto no âmbito pessoal como social; a construir uma educação escolar capaz de dar resposta aos desafios da contemporaneidade.

No entanto, o que temos observado é que as buscas pela transformação da escola, que certamente são muitas, em geral não colocam em questão a própria concepção de escola, que parece ser inamovível, cristalizada, naturalizada de tal modo que não permite ser configurada em outras perspectivas paradigmáticas. Assim, as inovações propostas se limitam a um efeito cosmético e instrumental, não afetando em profundidade os processos de ensino e de aprendizagem. Multiplicam-se os modismos.... Mas, a escola permanece a mesma em sua lógica epistemológica e organizacional.

Se quisermos abordar de modo substantivo e não de um modo superficial a crise da escola, temos de enfrentar com esta questão as práticas que tentam reduzi-la a uma inadequação de métodos e técnicas e a uma introdução das Tecnologias da Informação e da Comunicação de forma intensiva, ou ao ajuste da escola à lógica do mercado e da modernização. Temos a profunda convicção de que estamos chamados/as a "reinventar a escola" (Candau, 2000).

> Reinventar não é negar a relevância social da escola. Reinventar exige reconhecer seu processo de construção histórica. Sua configuração atual apoiada na lógica da modernidade. Seus vínculos com uma visão homogeneizadora e monocultural dos processos educativos. Reinventar exige reconhecer a importância da mediação socioeducativa da escola hoje. Reinventar supõe ter presente as novas subjetividades de crianças e adolescentes. Reinventar supõe assumir distintas formas de construir conhecimentos e exercer a cidadania.

> Reinventar desafia a nós, educadores e educadoras, a construir novos formatos escolares, outras maneiras de organizar o espaço e o tempo escolares, de dinamizar os processos de ensino e de aprendizagem que permitam dar respostas aos desafios da contemporaneidade. Reinventar nos convida a construir culturas escolares inclusivas, que articulem direitos à igualdade e à diferença (Candau, 2018, p. 8).

É nesta perspectiva que se situa a presente publicação, fruto de reflexões e pesquisas empíricas desenvolvidas pelas autoras nos últimos cinco anos. A obra tem como foco principal a relação entre escola e Tecnologias da Informação e da Comunicação. Aborda as contribuições das mídias digitais aos processos de ensino e de aprendizagem. Procura desconstruir o mito que afirma que a presença das TIC na escola é necessariamente uma evidência de sua transformação. Não considera estas mídias como meros dispositivos operacionais, e sim em uma perspectiva em que são concebidas como mediações que afetam nossos modos de aceder e construir conhecimentos, nossas formas de relacionamento, nossas subjetividades, atitudes e comportamentos. Afirma que a cultura digital está chamada a desafiar nossa criatividade pedagógica. Defende a necessidade de um novo paradigma na perspectiva da teoria da complexidade, que inclui conceitos como o pensamento sistêmico e o pensamento ecológico. Concebe a sala de aula como um ecossistema, tendo como foco as interações e conexões entre todos seus componentes.

Considero que este livro constitui uma significativa contribuição na busca de construção de educações escolares que ofereçam respostas aos inúmeros desafios da nossa sociedade. Nós, educadores e educadoras, somos chamados a ser protagonistas desta busca fascinante.

Apresentação

Por Ralph Bannell
Departamento de Educação da PUC-Rio

A educação se tornou uma mercadoria, como as autoras deste livro dizem. Mas, não foi sempre assim. Quando o conhecimento era controlado pelos poucos letrados na sociedade (especialmente aqueles vinculados à igreja e ao poder político do soberano), a educação formal era oferecida somente a essa elite e não vendida num mercado. O conhecimento produzido e legitimado era aquele necessário para fortalecer o poder desses grupos. A escola das massas não era necessária, porque as massas não precisavam de conhecimento para além do que era adquirido no cotidiano.

Com a invenção da máquina impressora e o surgimento do capitalismo tudo mudou, mas lentamente. A produção e a disseminação do conhecimento se tornaram lucrativas para a burguesia e a ciência nova se tornou o conhecimento legitimado. Mas somente para a burguesia, a nova elite. No final do século XVIII, por exemplo, Kant poderia argumentar que a escola era o melhor lugar para educar essa elite, mas essa escola não era necessária para a massa da população, nem nos países europeus. No entanto, o imperativo da acumulação do capital criou a necessidade de educar cada vez mais pessoas de classes sociais tradicionalmente excluídas da educação formal, com a consequente instalação, aos poucos, de escolas para outras classes também. Somente no século XX países na Europa e América do Norte conseguiram universalizar a educação básica. Outros países seguiram, na medida em que foram inseridos na crescente economia global.

Hoje em dia os imperativos econômicos exigem a universalidade de acesso e permanência na escola, especialmente a divisão mundial do trabalho. Essa é uma das consequências da chamada globalização, que determina a qualidade da educação em cada país, com os países centrais – na América do Norte, Europa e Australásia – produzindo e disseminando o conhecimento mais rentável, enquanto os países periféricos produzem pouco e consomem aquilo que é produzido nos países centrais. A organização econômica global exige que países como o Brasil eduquem sua população até o ponto de participar dela, numa posição inferior, produzindo mão de obra qualificada suficientemente para sua parte no processo globalizado de produção, distribuição e consumo de bens e serviços, geralmente focando na formação técnica necessária para assumir seu lugar nesse processo, principalmente na educação básica.

Junto com tudo isso, e como parte do mesmo processo de acumulação do capital, a crise do capitalismo que começou na década de 70 do século passado, e arrasta até os dias de hoje, criou a necessidade de aumentar a produção de serviços em detrimento de bens industriais, especialmente nos países mais avançados economicamente. Nesse cenário, não somente o conhecimento em si, mas a educação – o lugar de transmissão desse conhecimento – viraram mercadorias de alta lucratividade. A produção, distribuição e consumo de conhecimento e "tecnologias educacionais" – de coisas materiais tais como livros, computadores, tablets, celulares etc., até conteúdo (o conhecimento vendido, software etc.), modelos de ensino, de formação de professores e de avaliação (de alunos e de sistemas educacionais) – são entre as atividades econômicas mais rentáveis e globalizadas hoje em dia.

As chamadas Tecnologias de Informação e Comunicação (TIC) têm um lugar especial nessa estrutura econômica e em seus processos. Trata-se de mercadorias altamente rentáveis e globalizadas (na sua produção, distribuição e consumo). Sistemas educacionais, públicos e privados, são obrigados a comprar equipamentos e conhecimentos que são vendidos pelo mundo inteiro, e geralmente pelas mesmas grandes empresas internacionais, para manter sua inserção na economia global. Mas quais são as consequências disso para escolas e alunos? Uma delas é a de fomentar uma "crise" na escola, embora a crise atual tenha, obviamente, outros fatores determinantes também.

Todo mundo envolvido no trabalho escolar, dos formuladores de políticas educacionais àqueles responsáveis para sua implementação nas escolas – elaboração de currículos, formação de professores, produção de materiais didáticos e métodos de ensino, formas de avaliação etc. – veem nas TIC "o gatilho da crise da escola ou (...) a panaceia para todos os problemas que ela enfrenta", como as autoras desse livro, Magda Pischetola e Lyana Thédiga, afirmam.

No seu primeiro capítulo, as autoras examinam essa crise, especialmente a dimensão da didática, e o lugar das TIC nela e como "se tornaram o centro do discurso sobre a inovação da pedagogia e da escola". Nessa análise, expõem a dimensão técnica na didática associada à introdução das TIC nas escolas. Elas questionam o modelo escolar promovido por esse movimento, que restringe os objetivos da educação, propõe a universalização dos conteúdos e métodos de ensino, contrapondo a essa visão pensadores tais como Herbert Spencer, John Dewey, Ivan Illich, Paulo Freire e outros, que desafiam esse modelo de maneiras diferentes.

Na sua análise, as autoras destacam três aspectos fundamentais da crise atual da escola: "(1) uma crise da organização escolar; (2) uma crise de seus métodos de ensino; (3) um questionamento da concepção de conhecimento que fundamenta o sistema e a organização escolar". No que tange o primeiro aspecto, as autoras mostram que a introdução das TIC não modificou substancialmente a organização escolar, especificamente no que se refere à falta de valorização da diversidade dos aspectos biológicos, sociais e culturais dos seus alunos, fortalecendo uma homogeneidade falsa, portanto provocando, em parte, a crise atual. No que se refere ao método didático, as autoras apontam que esse tampouco foi modificado pela introdução das TIC na sala de aula. Mais uma vez, esse método menospreza a capacidade do aluno de explorar o mundo e limita a pluralidade de soluções possíveis para descobrir uma alternativa.

Em relação ao terceiro aspecto da crise da escola – a concepção de conhecimento pressuposto na sua organização e na sua didática – as autoras mostram que o conhecimento escolar "entende o conhecimento científico como um objeto finito, acabado, objetivo e autônomo, que através do processo de ensino será revelado e transmitido ao sujeito que busca aprender". O conhecimento não somente é visto como neutro e, portanto, não determinado por ideologias e visões filosóficas, mas ainda é fundamentado num modelo cartesiano de um acúmulo linear, do mais simples ao mais complexo, a partir de um método preestabelecido, e da sua imediata materialização em forma de técnicas para resolver problemas. Afinal de contas, foi Descartes quem afirmou a necessidade de dominar e controlar a natureza, com o desenvolvimento da ciência, para os fins de resolver os problemas da humanidade.

Por trás dessa concepção do conhecimento e sua aquisição está uma concepção da razão, forjada no início da modernidade, onde não há consideração do corpo, dos sentimentos e das emoções na cognição e na qual a cognição é vista como algo que acontece internamente: na versão de Descartes num espírito separado do corpo; na visão de Locke num aparelho abstrato interno ao indivíduo; e na versão kantiana num aparelho transcendental e *a priori* compartilhado por todo sujeito cognoscente. Essa concepção de uma razão "desengajada", para tomar emprestado o termo criado por Charles Taylor, vem junto com uma concepção do sujeito epistêmico como igualmente desengajado do seu contexto social e cultural, mas também do seu corpo e sua sensibilidade estética e ética.

Embora as TIC não estejam modificando essa concepção da razão e do conhecimento, elas têm esse potencial. Afinal, todas as tecnologias inventadas ao longo da história da humanidade permitiram modificar não somente a maneira como o conhecimento é produzido, mas também definir qual o conhecimento que é produzido e legitimado. Longe de argumentar que as TIC não deveriam ser utilizadas na sala de aula – parcialmente por que não há como evitar sua implementação na educação, mas também porque oferecem possibilidades de modificar a forma e o conteúdo do conhecimento aprendido nela –, as autoras argumentam que o potencial delas somente poderia ser realizado se tiver uma modificação profunda da fundamentação da organização e do trabalho da escola, especialmente da concepção do conhecimento, de como está adquirido pelo aluno e da dinâmica na sala de aula.

Essa concepção da razão e do sujeito está sendo criticada pelo menos desde Hegel, se não antes, por exemplo, por Spinoza, Vico, Hamann e outros. No entanto, sua força na determinação da escola, sua organização, a didática e os objetivos são tão fortes que essas críticas não conseguiram modificar os aspectos centrais dela na prática. Na teoria, a chamada abordagem sociocultural, com suas raízes no pensamento de Hegel e Marx, ganhou bastante espaço, especialmente na psicologia do desenvolvimento e na chamada vertente "culturalista" da educação. Essa crítica enfatiza que o sujeito e a escola são situados num contexto sociocultural maior, que precisa ser levado em consideração quando pensamos sobre a aprendizagem do aluno e os processos e estruturas cognitivas que utiliza e constrói para esse fim. Essa vertente poderia ser chamada de cognição situada.

No entanto, precisamos olhar para as tradições Pragmatista e Fenomenológica do pensamento para resgatar o papel do corpo, dos sentimentos e das emoções na cognição ao longo do século XX. A partir dessas tradições do pensamento, junto com as ciências cognitivas contemporâneas, foram desenvolvidas outras concepções da cognição, chamadas de Corporificada, Estendida e Enativa. O que todas essas maneiras relativamente novas de analisar a cognição humana têm em comum é a necessidade de ir para além do sujeito isolado e autocontido – numa palavra, desengajado – para compreender como as pessoas percebem, adquirem conceitos e aprendem a raciocinar e pensar sobre sua vida e o mundo no qual vivem.

Essa necessidade de situar o aprendizado e o conhecimento e de compreender o sujeito, seu corpo e seu ambiente como um sistema dinâmico em constante movimento e mudança, embora sempre buscando equilíbrio num mundo instável, está no centro da análise oferecida nesse livro. As autoras se fundamentam, principalmente, mas não exclusivamente, no pensamento de Edgar Morin e sua teoria da complexidade, mas várias outras abordagens poderiam ter sido escolhidas para chegar mais ou menos ao mesmo ponto: a necessidade de incluir o corpo e o ambiente – físico e sociocultural – nas concepções do sujeito, da cognição e do conhecimento necessárias para possibilitar uma nova escola e uma nova forma de aprender.

Aqui entra a metáfora do ecossistema. Se pensarmos o sujeito de educação como um sistema autopoiético, como feito por Varela e Maturana, pensadores que Magda Pischetola e Lyana Thédiga também mencionam no seu texto – ideia elaborada mais recentemente por Evan Thompson –, e a mente como não separada da natureza e da sociedade, como Dewey e Bateson dizem, também autores trabalhados neste livro, precisamos pensar nos elementos que compõem a mente e a cognição como envolvidos numa "dança", da qual as capacidades cognitivas emergem. Também, precisamos entender como as tecnologias sempre fizeram parte dessa "dança", desde os tempos mais remotos.

É importante lembrar que somos – e sempre fomos – "*natural born cyborges*", para tomar emprestada uma formulação de Andy Clark. Sempre utilizamos e incorporamos tecnologias para nos ajudar nos processos cognitivos. A ideia aqui não é a de um "exterminador do futuro", uma máquina inteiramente artificial com uma inteligência para além das capacidades humanas. Isso existe somente na ficção científica (e, provavelmente, ficaria lá).

Sistemas de escrever, por exemplo, sempre foram tecnologias. Como Malafouris nos mostra, em relação ao sistema de escrever mais antigo conhecido (o Sistema linear B Micênico de utilizar pequenas tabletes de barro) "o arquivo (…) também está transformando as fronteiras físicas do espaço do problema e, portanto, estruturando o processo de resolução do problema". Ou seja, a manipulação da cultura material faz parte do processo cognitivo e não é simplesmente um apoio que poderia ser descartado de forma que o processo se mantenha igual. Um dos problemas com os tabletes Micênios, usados para registrar transações, foi que secaram com rapidez, portanto, restringindo a liberdade de quem registrou transações neles; precisava registrar tudo em poucas horas, o que não era possível porque a pessoa não tinha toda a informação necessária e não podia lembrá-la na sua memória biológica. A solução foi tabletes pequenos, no formato de uma folha e arranjados num tablete maior, que permitiu registrar as transações no tempo necessário, dado a tecnologia da época.

Hoje em dia, tecnologias tais como computadores permitem o registro de fatos numa maneira mais dinâmica, que consente constante revisão, alteração e eliminação no tempo e distribuição no espaço, com um número grande de pessoas participando no processo ao mesmo tempo ou em tempos diferentes. Ora, na mesma maneira como no exemplo dos tabletes Micênicos, é importante postular "a interação dinâmica entre [a] pessoa e [as] propriedades físicas do medium da representação como uma coisa material". É igualmente importante postular a interação dinâmica entre nós e os computadores digitais, bem como outras tecnologias.

Outro exemplo é a máquina impressora. Obviamente, antes da sua invenção houve registros de números e escrita (como já citamos com o sistema Micênio), mas com óbvias limitações em termos de tempo e custo. A máquina impressora permitiu não somente produzir coisas escritas com maior facilidade e menos custo, um elemento importante para possibilitar o capitalismo, mas transformou a maneira de pensar. Não era mais necessário lembrar histórias etc. via técnicas de recitar poesia ou cantar, por exemplo, porque a impressão no papel permitiu voltar e reler trechos. Isso não somente produziu uma espécie de memória externa, mas também permitiu elaborar narrativas mais longas e complexas, bem como argumentos e informações complexas e impossíveis de lembrar e reproduzir fielmente, sem a possibilidade de registrar seu conteúdo no papel. Mais uma vez, uma tecnologia modificou a maneira de pensar. Não somente isso, mas a criação da literatura como forma de arte permitiu a ampliação da sensibilidade estética dos leitores. Além disso, essa invenção, junto com o uso cada vez mais frequente de textos nos contextos de trabalho, promoveu uma necessidade de ampliar a escolarização para classes sociais antes excluídas e alfabetizar cada vez mais membros da população.

O aspecto da manipulação do objeto físico também está presente na leitura de livros, panfletos etc., que também contribuiu para o desenvolvimento da esfera pública moderna, primeiro entre a burguesia e, depois, abrangendo outras classes sociais. É fácil voltar e reler uma parte, ou marcar fisicamente uma página para referência futura por exemplo. Tudo isso facilita a leitura e é parte constitutiva do processo de ler. Computadores e tablets digitais permitiram outras maneiras de fazer a mesma coisa (buscando nomes ou palavras, por exemplo). Além disso, permitem manipular o texto (com o uso de programas de processamento de texto, por exemplo), modificando a posição de partes, destacando outras, eliminando e resguardando frases ou parágrafos para um possível uso no futuro. Essas manipulações do texto não podem ser separadas no processo de ler e escrever e, portanto, de pensar. A imagem do pensador imortalizada na estátua de Rodin engana, porque não elaboramos pensamentos sem mexer com o corpo e artefatos materiais e culturais. Claro, podemos parar por alguns momentos para concentrar em algo, mas pouca coisa seria pensada se ficássemos parados na posição da famosa estátua por muito tempo. Hoje em dia, pensamos escrevendo.

E o papel dos sentimentos e emoções no pensamento? Antônio Damásio, entre outros, tem enfatizado o vínculo entre cognição e emoção e é interessante notar que ele busca inspiração em Spinoza, um dos primeiros filósofos em contestar a separação entre mente e corpo proposta por Descartes, no século XVII, como já mencionei acima. Dewey também sempre enfatizou a conexão entre mente, corpo e emoções, utilizando o termo "corpo-mente" para marcar que não há separação entre nossos corpos, nossa sensibilidade estética e emocional e nossa capacidade de perceber o mundo e pensar. Uma vez chegou a dizer que mesmo "o maior filósofo" exerce uma preferência semelhante à de um animal para orientar seu pensamento em direção às suas conclusões. Ele seleciona e deixa de lado enquanto seus sentimentos imaginativos se movem. "Razão" em seu auge não pode atingir uma compreensão completa e uma garantia autônoma. Deve recair sobre a imaginação – sobre a encarnação de ideias com sentido emocionalmente carregado.

Seguindo os passos de Dewey, Mark Johnson também tem mostrado a inseparabilidade entre sentimentos, emoções e pensamento na sua insistência de que o corpo e a mente não podem ser separados.

Como tudo isso ajuda no que as autoras chamam de "edificação da realidade"? Acho essa frase melhor entendida na ideia de "constituição" em fenomenologia, ou seja, como o mundo é divulgado ou apresentado para nós? Como nos tornamos conscientes do mundo? A ideia não é que literalmente criamos o mundo quando o percebemos, construímos conceitos e raciocinamos, embora, obviamente o mundo social e cultural esteja criado pela atividade humana coletivamente (e o mundo natural modificado pela mesma atividade, como estamos percebendo cada vez mais hoje em dia). Tecnologias interferem na maneira pela qual o mundo está divulgado ou apresentado a nós. Isso acontece pela nossa manipulação delas, como discutido anteriormente, trazendo para nossa presença coisas que, sem elas, não estariam presentes, além de facilitar e até modificar nossa percepção do mundo e nosso raciocínio.

Se puder partir do pressuposto de que estamos num período de transição de uma sociedade e economia capitalista para outra, como acredito, talvez seja a hora para aproveitar do conhecimento produzido por pensadores que, como vimos, contestaram concepções hegemônicas da razão, do conhecimento e da cognição, especialmente ao longo dos últimos 100 anos, para promover uma educação que prepara nossos alunos para participar nessa transição e na sociedade que está sendo traçada nela. No final das contas, a crise da escola é parte de uma crise maior: a do capitalismo. Mas, como o sistema capitalista é sempre cheio de contradições e brechas, podemos aproveitar delas para promover uma nova educação que se fundamenta nessas ideias que, afinal, foram desenvolvidas no bojo do próprio capitalismo. Será que o tempo de Dewey, Varela, Bateson, Morin e os outros trabalhados nesse livro já chegou, no sentido de complementar e avançar seu pensamento e, finalmente, utilizá-lo para fundamentar uma nova pedagogia? É com esforços como aquele mostrado nesse livro que esse sonho pode virar a realidade.

Para voltar à discussão que levantei no início dessa apresentação do livro, se o desenvolvimento do capitalismo trouxe crises econômicas, políticas, sociais e educacionais, frutos das suas contradições, também permitiu desenvolver conhecimentos e tecnologias sofisticados, mas sempre marginalizados, que precisam ser aproveitados e aprofundados no atual período de transição para outro sistema econômico, político e social. O novo sempre nasce no útero do antigo. E isso exige a transformação da escola, das concepções do sujeito, da razão e da cognição ainda hegemônicas e que como fundamentam sua organização, seus métodos de ensino e a concepção da cognição e do conhecimento pressuposto nos seus currículos, formação de professor e formas de avaliação, etc. Esse livro é um exemplo precioso do esforço de reflexão necessário para promover a transição por um mundo que aceita sua diversidade, complexidade e a unidade do homem com a natureza, necessário para evitar um desastre de proporções inimagináveis, que já está no horizonte.

Introdução

Diversas questões emergem quando pensamos a configuração da sala de aula contemporânea. Com a presença constante dos artefatos tecnológicos em nossa vida cotidiana, essa nova forma de comunicar hoje se reflete em nossas escolhas e reconfigura as nossas relações. A maneira como armazenamos, classificamos, nos apropriamos e disseminamos as informações está intimamente ligada ao modo como nos relacionamos com o outro, as nossas posturas de julgamento, a nossa criatividade. Para além do espaço-tempo da rede, essa ação comunicativa se caracteriza como uma possibilidade de transformação das experiências que ocorre na sincronia entre a construção do conhecimento e os sentimentos, entre as espacialidades e os movimentos, entre o corpo e a edificação da realidade. Uma cocriação. E, ao olhar pelo viés da educação, as perguntas que ecoam são: que nova sinergia é essa? O que pode ocasionar na constituição do saber? O que muda na escola?

O fato é que a introdução das tecnologias digitais na sociedade, e sua gradual (e conturbada) inserção na educação, tem promovido grandes interrogações sobre o modelo moderno de escola e sobre a visão de conhecimento que o inspira. Não são poucas as pesquisas que enfatizam a existência de uma crise na educação. Nelas está a denúncia do caráter obsoleto, e amplamente reconhecido, da posição institucional do professor como detentor do saber. Está também a necessidade de superar um modelo de ensino e aprendizagem em que o conhecimento é algo preestabelecido, objetivo e transferível do professor para o aluno. Além desses, tais estudos apontam que a relação professor-aluno precisa ser reavaliada, em direção a uma maior autonomia dos alunos em seu processo de construção do conhecimento.

Longe de ser uma questão simples, esse é um tema que se ampara nas contribuições de pensadores que, ao longo do século XX, postularam alguns pilares fundamentais do que significa aprender e ensinar em um cenário comunicacional em constante mudança. Nas últimas décadas, porém, notamos que a crise da escola tem sido associada, cada vez mais, ao advento das Tecnologias da Informação e da Comunicação (TIC), elemento propulsionador de um "novo paradigma" em educação, que encontra muita "resistência" entre professores supostamente incapazes de dialogar com as gerações de "nativos digitais".

Sem sombra de dúvida, as TIC revolucionaram as formas de conhecer o mundo e de estar em sociedade. É nesse sentido que a escola precisa se interessar por essa presença na vida dos alunos, não só para não perder o "trem da história", mas para não deixar escapar a oportunidade de exercer sua função educadora. Mas se engana quem pensa que esse é um movimento fácil, que se resolve ao inserir nas práticas pedagógicas um laptop, um tablet ou um celular. Com o discurso aparentemente contaminado sobre as TIC na escola, em grande parte, por perspectivas tecnicistas, o valor humano da relação professor-aluno deixa de ser considerado, ignorando o legado de pensadores como Spencer, Dewey, Freire, Montessori, entre outros. Ao escolher a lente determinista, esse tipo de discurso enxerga nas tecnologias um poder em si, capaz de alterar os rumos da escola: ora elas são como o gatilho da crise da escola, ora como a panaceia para todos os problemas que ela enfrenta.

Mesmo que a urgência em se propor novas soluções para a escola esteja no topo das discussões que buscam uma educação e formação "para o século XXI", o atual discurso de crise se aproxima mais do slogan do que de uma reflexão. Com seu argumento rápido e de fácil memorização – centrado em associar, repetidas vezes, o descompasso entre a escola e as práticas possibilitadas pelas tecnologias digitais e pela Internet – ele está diretamente associado à necessidade de inovação. Procedente do campo da economia, ao ser transposto para a área da educação o conceito de inovação corre o risco de vir impregnado de princípios pautados apenas na procura pelo desenvolvimento econômico, no qual se busca transformar a escola enfatizando as novidades tecnológicas antes de se propor novas interações de seus integrantes.

Se deslocamos um pouco o foco da urgência de renovação, veremos que no discurso que permeia o campo da educação, a inovação pedagógica que se vale das TIC está atrelada à simples noção de que o novo é melhor do que o antigo, e os dois não podem coexistir. Percebemos, ainda, que muitas das manifestações que ocupam a vida das instituições educacionais se movem em uma herança de tipo dualística, como se o novo e o antigo, o tradicional e o construtivista, a sala de aula analógica e a digital, o professor e o aluno fossem sempre elementos em contraposição.

Se inovar é a palavra da vez, com ela não está só a obrigatoriedade de se reinventar metodologias, mas também critérios, indicadores, propostas, políticas e desejos. Essa imposição aparece, na maioria das vezes, associada à adoção das TIC na escola apenas pelo viés das condições materiais. Quando colocada em prática, a visão tecnicista se configura em um modelo no qual a inovação é só uma "estratégia" que fará com que a escola se concentre apenas nos equipamentos e ferramentas, e a educação se configure como mais uma mercadoria.

Acreditamos que não é possível construir o novo sem desconstruir e questionar as bases do obsoleto, sobretudo, se há evidências de uma crise em curso. Com essa premissa, pretendemos desconstruir, neste livro, os mitos que atrelam as TIC à inovação da escola, propondo caminhos alternativos para a superação da crise educacional.

A partir da evolução histórica da ciência, podemos traçar uma primeira grande distinção entre a concepção de conhecimento cartesiana e a concepção de conhecimento sistêmica. Examinaremos a relação entre essas visões de conhecimento e a didática nos dois modelos de pensamento – cartesiano e sistêmico. Cabe destacar que consideramos a didática como um processo imerso em um cenário histórico concreto de atuação, abarcando e realçando, a partir dele, suas dimensões.

Sem incidirmos em separações ou oposições, propomos com a perspectiva sistêmica abranger a totalidade da didática, com o intuito de entender de que maneira a sala de aula pode ser entendida como um ecossistema, ou seja, um sistema aberto e complexo. Isso nos levará a questionar as abordagens didáticas que preveem ações ou relações pré-constituídas, assim como os elementos do discurso pedagógico esvaziados de sentido teórico e prático.

A proposta é entendermos cada situação didática de forma ecológica, considerando-a como um momento único, em que nem os sujeitos, nem os objetos sejam o "centro" da ação. Ao abandonar o caráter mecânico, importa para a didática se voltar às interações entre sujeitos e objetos, na perspectiva da complexidade. Com base nessa premissa, e valendo-nos de modelos interdisciplinares, propomos um encontro da educação e da didática com as teorias da comunicação, com a biologia e com a linguística, tendo sempre em mente a pergunta do filósofo francês Edgar Morin (2011): "Como considerar a complexidade de modo não simplificador?".

Ao longo do *Capítulo 1*, abordamos diversos mitos que formam um substrato fértil para a defesa do papel crucial das TIC para a mudança da escola. A pretensão, aqui, é desconstruir algumas afirmações de senso comum que aparecem com frequência no mundo acadêmico e profissional da educação. Enfrentamos mitologias que permeiam o campo da educação com relação às tecnologias digitais e sua relação com a sociedade. Evidenciamos, em particular, a existência de três tipos de discursos, que emergem no campo acadêmico como no âmbito profissional da educação: (1) o mito de uma geração esperta em uso de TIC, (2) o mito da motivação que as TIC fomentam em educação e (3) o mito da Internet como espaço de colaboração.

A ideia é irmos além das avaliações superficiais, que atribuem às tecnologias todas as responsabilidades para a educação, para permitir à educação se reapropriar de suas reflexões e de sua importância social. Só então, ela poderá pensar o futuro da sociedade que queremos construir, com ou sem tecnologias, ou melhor, independentemente de sua presença maciça nas dinâmicas relacionais e educacionais do século XXI. Para isso, o caminho que escolhemos foi o de buscar a essência da didática atual e entender como as TIC, amparadas nas metodologias ativas, se tornaram o centro do discurso sobre a inovação da pedagogia e da escola, propiciando um uso sem reflexão e abrindo o caminho para uma nova fase do tecnicismo em educação.

Apesar de constituírem propostas interessantes para a educação, acreditamos que as metodologias ativas, assim como o uso de tecnologias em educação, não podem ser consideradas o centro das transformações, esvaziando um percurso histórico e social do problema.

No *Capítulo 2*, explicamos as crenças que partilham desse equívoco, profundamente relacionadas à visão de mundo, de conhecimento, de escola e de tecnologias, que sustenta o modelo de educação escolar, agora em crise. Em particular, argumentamos que dificilmente as TIC representam, com sua mera presença nas escolas, a possibilidade da construção de um "novo paradigma". O uso de novos meios talvez seja interessante para caminharmos na direção de uma mudança nas práticas didáticas, mas a verdadeira mudança do ensino e aprendizagem reside, primeiramente, na consciência dos fundamentos epistemológicos implícitos ao trabalho em educação. Com isso, propomos explorar as implicações do novo paradigma que, de fato, está emergindo no mundo científico desde o começo do século XX. É esse o paradigma da complexidade, que inclui conceitos como o pensamento sistêmico e o pensamento ecológico.

O novo paradigma propõe a superação de alguns princípios cartesianos fundamentais – como o princípio de fragmentação disciplinar, a separação entre sujeito pensante e objeto observado, o prevalecer da concepção matemática da natureza, a rejeição da incerteza – estabelecidos pela ciência moderna e traduzidos na aplicação para a educação. Assim, a revisão dos fundamentos da ciência reintroduz a interdisciplinaridade e resgata a subjetividade e a incerteza, elementos marcantes de um mundo constituído pela complexidade.

Caracterizado como uma interação, isto é, um processo de influência recíproca, os modelos didáticos que se pautam na perspectiva complexa buscam ultrapassar o individualismo, inclusive do modelo construtivista, que prevê a centralidade do aluno. Como herdeiros do pensamento moderno, encontramos uma grande dificuldade de sair do pensamento dualista. Na perspectiva ecológica e sistêmica, o que existe são as constantes interações, trocas e conexões entre partes que carregam, em si, o todo.

Frente à crise dos fundamentos do pensamento moderno, e com eles da escola como instituição central da educação, a emergência de um outro paradigma depende da valorização de um pensamento complexo, um pensamento que permita, como afirma Candau (2018), "reinventar a escola".

No *Capítulo 3*, apresentamos duas propostas teórico-metodológicas para alcançar o objetivo de tratar a sala de aula como um ecossistema.

A primeira proposta é de superarmos a relação dualística entre sujeito e ambiente, considerando ambos como parte de um sistema único, fundamentado na simbiose entre os seus elementos. Partimos da premissa de que a natureza essencial da aprendizagem não se encontra nos conteúdos, mas nas interconexões entre os conteúdos. A ideia que fundamenta essa visão é que os significados emergem na interação entre os sujeitos e entre esses e o ambiente. Portanto, abordamos a estrutura reticular que emerge no ecossistema *sala-de--aula*. Pensar a escola como um sistema social e, portanto, investida em toda a sua complexidade significa, ao nosso ver, perceber suas dinâmicas para além da dimensão científica, entendendo o conhecimento como uma rede de significados.

A segunda proposta é distanciarmos o nosso olhar do ecos-sistema através de uma abordagem ecológica, para percebermos a imersão do sujeito em seu ambiente. A metáfora de uma ecologia é uma importante estratégia não só para o discurso acadêmico-cien-tífico da comunicação na interface com a educação, mas, no geral, para a compreensão do cenário interconectado do qual fazemos parte. A partir dessa consciência, o horizonte parece ser o de uma produção de conhecimento não "sobre", mas "com" algo ou alguém. Essa nova forma de perceber e conhecer as relações que, pela sua natureza, provoca a urgência de uma nova educação, pode trazer em si mesma os meios de consegui-la. Esse movimento cria um engajamento que se configura como um legado: à medida que os ambientes socioculturais e midiáticos forem se transformando, cada geração será capaz de construir novas questões, necessárias para enfrentar os novos conflitos, e aprender com elas. Assim, a metáfora ecológica nos auxilia a refletir sobre a didática con-temporânea e sua relação com a comunicação e as TIC, artefatos culturais do nosso tempo.

Para quem estuda a relação entre TIC e educação, isso im-plica tirar o foco das técnicas e das responsabilidades e concentrar a atenção investigativa na cultura e no ambiente imersivo que as tecnologias digitais criam com sua presença em nossas vidas. Quanto à didática e sua necessidade de se reinventar, frente à cultura digital defendemos que é preciso um duplo exercício: de humildade para admitir que não se conhece o fruto da ação pedagógica empreendida, e de coragem para experimentar caminhos tortuosos e sem ponto de chegada predefinido.

Ao falarmos de integração cultural das TIC na educação, precisamos entender que gestão escolar, conexão de Internet, equipamentos, professores, alunos, pais, espaços físicos, práticas pedagógicas, infraestrutura, relações, habilidades, conhecimentos, conteúdos, métodos, técnicas e instrumentos constituem as partes de um sistema aberto, ativo e complexo. Um todo integrado e situado, "maior que a soma de suas partes", cuja evolução no tempo é incerta e imprevisível. Evidenciado pela circularidade, pela mútua afetação e pela multiplicidade de níveis de interação, será a flexibilidade do sistema – do humano ao tecido social – que lhe garantirá o caráter dinâmico.

Por fim, propomos três caminhos didáticos que consideram a sala de aula como um ecossistema: a pedagogia dos multiletramentos, o método do inquérito e a didática enativa. Eles compõem as bases do que definimos aqui como uma didática situada.

Na sala de aula, a multiplicidade dos problemas atuais nos desarticula e, por vezes, nos desconcerta. Por esse motivo, acreditamos que é necessário buscar uma nova perspectiva epistemológica que não só nos ajude a perceber e pensar a complexidade, mas nos habilite a atuar frente a sua pluralidade. Nesse sentido, a busca pela inovação poderia ser uma vantagem se ela nos impulsionasse ao desconhecido como quem encara o fascínio de uma nova aventura. Para além das incertezas, essa nova perspectiva nos fará desenvolver a consciência ecológica, com implicações tanto para a didática, quanto para os sujeitos.

Este livro é, ele mesmo, um produto dessa visão ecossistêmica.

Didática, TIC e os mitos contemporâneos na educação

1

As Tecnologias da Informação e da Comunicação (TIC) revolucionaram as formas de se comunicar, de acessar e processar a informação, de aprender, de conhecer o mundo e de estar em sociedade. Essa afirmação é relativamente um consenso no âmbito da educação e, sobretudo, no ambiente escolar. Com ela, está a consideração de que a escola precisa se interessar por essa presença de tecnologias na sociedade e na vida dos alunos, para não perder a oportunidade de exercer sua função educadora. Longe de ser uma questão simples, esse é um tema que se ampara nas contribuições de pensadores que, ao longo do século XX, postularam alguns pilares fundamentais do que significa aprender e ensinar nesse novo cenário comunicacional.

Porém, o discurso sobre as tecnologias na escola aparenta estar contaminado em grande parte por perspectivas tecnicistas, que deixam de considerar o valor humano da relação professor-aluno e ignoram o legado de pensadores como Spencer, Dewey, Freire, Montessori, entre outros. Nesse tipo de discurso, as tecnologias parecem ser o gatilho da crise da escola ou, então, a panaceia para todos os problemas que ela enfrenta.

A pretensão deste capítulo é desconstruir algumas afirmações de senso comum que aparecem com frequência no mundo acadêmico e profissional da educação, tanto em nível nacional como internacional na atualidade. A ideia é irmos além das avaliações superficiais, que atribuem às tecnologias todas as responsabilidades para a educação, para permitir à educação se reapropriar de suas reflexões e de sua importância social. Só então, ela poderá pensar o futuro da sociedade que queremos construir, com ou sem tecnologias, ou, melhor, independentemente de sua presença maciça nas dinâmicas relacionais e educacionais do século XXI.

Para isso, o caminho que escolhemos foi o de buscar a essência da didática atual e entender como as tecnologias se tornaram o centro do discurso sobre a inovação da pedagogia e da escola.

As dimensões da didática e o lugar da tecnologia

A didática é a arte de ensinar. Porém, para definir sua posição no todo da educação e da pedagogia contemporâneas, só apontá-la como tal não nos diz muito sobre suas bases, estruturas e significados no seio da cultura digital. É preciso perseguir seus fundamentos, ou melhor, buscar uma definição essencial da didática contemporânea, para que a dimensão técnica que a compõe não seja esvaziada e, portanto, evitada.

Isso significa percebê-la como um componente principal e, igualmente, ativo e provocativo desse cenário, no qual as nossas relações com o ensino, com a aprendizagem e com o saber vêm sendo desafiadas pelas mutações na ecologia midiática. Mas, como chegar a essa definição? Qual recorte, método ou perspectiva devemos utilizar para definir o que é fundamental na didática hoje?

Poderíamos buscar uma explicação partindo da definição da palavra "didática". Contudo, seu significado etimológico, que equivale à arte ou técnica de ensinar, nos parece excessivamente geral para que dele possamos partir para uma reflexão essencial – que reúna o ensino com a aprendizagem de modo inseparável. Outra alternativa seria reunir e comparar as diversas definições e pontos de vista que os educadores e pedagogos têm dado à didática ao longo da história.

Mas, mesmo obtendo-se com esse processo uma definição exaustiva, ela não nos conduziria ao nosso objetivo.

Isso porque, se o foco é a comparação, corremos o risco de nos deparar com um dilema no qual para extrairmos dos diversos momentos históricos da didática sua essência será preciso possuirmos, de antemão, um conceito essencial sobre a didática. Ou seja, cairemos em um processo tautológico: para sabermos qual é a essência de cada abordagem didática, precisaremos, antes, ter definido o que lhes é essencial. Assim, entendemos que não há como sairmos desse círculo sem historicizarmos o nosso contexto didático de forma política, social, econômica e cultural, tomando-o em relação com outros contextos políticos, sociais, econômicos e culturalmente situados.

Para buscarmos compreender como as tecnologias alcançaram o centro do discurso sobre inovação pedagógica e escolar, consideramos, neste livro, a didática como um processo imerso em um cenário histórico concreto de atuação, abarcando e realçando, a partir dele, suas dimensões. Sem incidirmos em separações ou oposições – ao contrário da comparação, cuja observação se dirige a partes maiores ou menores de um todo, mas não ao todo em si –, propomos com a perspectiva relacional abranger a totalidade da didática.

Nesse caminho, Vera Candau definiu, no texto de 1983 – *A didática em questão*, destinado a se tornar referência no campo da educação, a didática como um processo multidimensional, composto por uma *dimensão humana*, uma *dimensão político-social* e uma *dimensão técnica*. Em uma tentativa de mostrar como a teoria e a prática não se separam em educação, Candau propõe o processo de ensino e aprendizagem como "o" objeto da didática. Isso significa dizer que, para a autora, as propostas didáticas se inspiram em, e ao mesmo tempo imprimem, um conceito ou uma visão de ensino e aprendizagem. Dinâmica, a multidimensionalidade proposta por Candau abarca o processo de ensino e aprendizagem que, por sua vez, vai pautar, amparar, direcionar a didática, articulando as dimensões humana, político-social e técnica – todas situadas contextualmente.

A dimensão humana diz respeito aos processos individuais do sujeito que aprende. Seu acento recai sobre o afeto, tomado como elemento central da relação humana entre educador e educando. Por outro lado, a dimensão político-social tem a ver com o ensino e aprendizagem ser um processo "situado", contextualizado, relacionado com o mundo afora. A relação professor-aluno, nesse sentido, não está isenta de um aspecto cultural específico, determinado pela organização social em que os sujeitos envolvidos vivem. Por último, a dimensão técnica da didática é a que define a intencionalidade do ensino e a aprendizagem, sistematizando as condições em que o processo acontece, os objetivos pedagógicos, os conteúdos, as estratégias a serem utilizadas, assim como as formas de avaliação. Trata-se do aspecto que é considerado como o mais racional e objetivo, entre as três dimensões mencionadas pela autora.

No Brasil, ao longo da história, comenta Candau, diferentes correntes e perspectivas teóricas têm priorizado uma dimensão à custa das outras. Considerada como uma tendência reducionista, esse posicionamento teve sérias consequências para a educação. Entre a década de 1950 e 1960, prevaleceu na didática o discurso da Escola Nova, fundamentado nos princípios de atividade, liberdade, individualização, com base nos estudos da psicologia evolutiva. De forma breve, os princípios básicos escolanovistas apresentam-se como alternativa ao ensino tradicional, propondo uma reforma da escola a partir da valorização da espontaneidade dos alunos.

Nessa visão, é importante, para uma educação de qualidade, que o professor domine os métodos e as técnicas predefinidas e tenha motivação pessoal para ensinar. É evidente, continua a autora, como nessa perspectiva, a técnica é dissociada das suas raízes político-sociais e apresentada como meramente instrumental. Os aspectos socioeconômicos e estruturais da escola são desconsiderados, deixando espaço para uma ideologia liberal-pragmatista. A dimensão humana ainda existe, com foco na afetividade, mas aos poucos prevalece o tecnicismo.

Após o golpe civil-militar de 1964, a abordagem escolanovista é substituída gradualmente pela tecnologia educacional, totalmente centrada em técnicas, estratégias, objetivos, na preocupação pelos meios desprendidos de sua finalidade, do "por que" e "para que" da ação pedagógica. Enfatizam-se a produtividade, a eficiência dos processos, a elaboração de materiais instrucionais. A técnica é definitivamente entendida como neutra, a prática pedagógica não precisa dialogar com o contexto e a didática não depende da experiência do professor. O resultado dessa abordagem, afirma Candau, é um descolamento entre teoria e prática, que leva os professores a não acreditarem na didática como algo "possível" ou em um diálogo com a realidade.

Em meados da década de 1970, o tecnicismo da didática é criticado em prol de uma reafirmação da dimensão político-social. A denúncia é direcionada à neutralidade da técnica e à falta de relação da pedagogia com o contexto social, de tal forma que a dimensão técnica em si é fortemente criticada por seu caráter prescritivo, postulando enfim uma "antididática" (Candau, 1983, p. 22). Após o fim da ditadura militar, aumentam os movimentos para a superação de uma cultura tecnicista em pedagogia. A escola é vista como espaço de formação crítica do cidadão e, ao mesmo tempo, reconhecida como lugar de reprodução da desigualdade social. Dessa forma, ocupar-se de ensino e aprendizagem torna-se sintoma de conservadorismo.

Ao longo das décadas de 1980 e 1990, a didática rejeita sua vinculação às técnicas, procurando buscar sua própria identidade. Como aponta Sforni (2015), foi nesse período que as disciplinas de fundamento – filosofia, sociologia, história – ganharam peso nos cursos de formação de professores. Seu intuito foi o de contribuir com a formação política do futuro professor, em detrimento das disciplinas que "tinham o ensino como objeto", como por exemplo a metodologia de ensino. Dessa forma, desvirtuada de seu foco principal e atacada em sua identidade, a didática tornou-se "um problema para ser resolvido pelos professores em sala de aula" (Sforni, 2015, p. 94). Enquanto isso, todas as discussões sobre o ensino, seus objetivos, seu planejamento, seus critérios de avaliação e suas estratégias são assumidas pelas metodologias de ensino de algumas áreas.

Nesse contexto, as metas da aprendizagem são, cada vez mais, direcionadas pelo mercado e definidas pelos organismos internacionais, cuja influência nas políticas de países emergentes é evidente desde o final dos anos 1980, início dos anos 1990 e até os dias de hoje (Libâneo, 2009). A crescente competitividade do mercado torna novamente atual o discurso escolanovista centrado no "aprender a aprender" e no "aprender fazendo", incorporado em 1996 entre os quatro pilares da educação do relatório Délors da Unesco. Outros aspectos destacados são na formação do sujeito em termos de cidadania, com foco na convivência social – o "aprender a viver juntos" – e no "aprender a ser".

A ênfase na aprendizagem como resultado de um esforço individual tem algumas implicações importantes para a prática pedagógica: o ensino passa a ser algo que não pode ser preconcebido, pois precisa se adaptar aos diferentes estilos de aprendizagem dos estudantes. "Assim, a didática que já estava 'em questão', tem mais um argumento para não se ocupar da forma de organização do ensino" (Sforni, 2015, p. 100).

A partir desse breve excurso histórico, percebemos como a didática é permeada por vários aspectos oriundos do campo político, técnico e cultural-humanista. A multidimensionalidade da didática, afirma Candau em 1983, exige que todos esses aspectos sejam contemplados.

Em 1997, a autora atualiza o texto *A didática em questão*, apontando para as novas necessidades que a didática precisa encarar, tais como: multiculturalismo, diversidade, questões de gênero e de raça, novas formas de comunicação, expressões culturais dos jovens, movimentos religiosos. Em 2018, Candau apela para uma reconfiguração da didática, baseada na urgência de "se reinventar a escola". Reinventar, segundo a autora, significa reconhecer o processo de construção histórica da escola e seus fundamentos em uma visão unívoca de conhecimento. Significa reconhecer a pluralidade de subjetividades que habitam a escola, assumindo o desafio de buscar uma cultura inclusiva e, a partir dessa consciência, construir novos formatos escolares e pedagógicos.

São esses os temas que permitem criar uma escola com um projeto ético e político coerente com as necessidades do mundo atual. A pluralidade de enfoques temáticos é sintoma de riqueza de discussão sobre questões que afetam o cotidiano escolar.

Propomo-nos a enfrentar aqui, em particular, o desafio que o advento das TIC na sociedade contemporânea tem apresentado para a escola. Percebemos que o não enfrentamento da dimensão técnica na didática é um dos alicerces da fragmentação entre teoria e prática, a não tematização do *como* é uma falta que recai, novamente, no professor. Sendo dele a responsabilidade, também, de encontrar as melhores estratégias para o trabalho cotidiano com as tecnologias em sala de aula. Frente ao vazio da formação técnica, os professores procuram alternativas, ou às vezes receitas, que auxiliem suas práticas. E assim nascem novos tecnicismos.

Na análise dos discursos que permeiam a educação em tempos atuais, percebemos que as tecnologias digitais ocuparam esse lugar da técnica, tornando-se meios desvinculados do contexto pontual de cada realidade, propiciando um uso sem reflexão e abrindo o caminho para uma nova fase do tecnicismo (Pischetola, 2015, 2016, 2018a, 2018b).

Se, por um lado, vemos um renovado interesse pelos meios, por outro lado o campo da educação está em busca de respostas, muitas vezes instantâneas, com respeito às estratégias didáticas. É dessa forma que outras áreas que se aproximam à educação – campos que, majoritariamente, não se interessam pelo que é requerido, debatido e publicado na área da educação – adquirem peso e reconhecimento propondo "novos" métodos didáticos e "novas" técnicas, além de modelos exemplares de educação a serem repetidos e reaplicados, como, por exemplo, o modelo escolar finlandês.

Amparados pelo discurso de "inovação", um ingrediente importante para a criação de mitos relacionados à tecnologia como estopim da crise da organização escolar, como veremos adiante, experts em educação apresentam tais novidades tecnodidáticas *para* a educação, muitas vezes dispensando o que é proposto *pela* área da educação (Van Der Maren, 2003), e ignorando o que é essencial à didática. Paradoxalmente, as propostas atuais de revisão das práticas não apresentam nenhum elemento de inovação.

Apesar de não admitir o legado de pensadores como Dewey, Spencer, Montessori, Freire, entre outros, as novas estratégias e metodologias didáticas se pautam totalmente em suas contribuições, confirmando a afirmação de Charlot (2006): a educação é uma área com pouca memória. Dessa forma, procuram-se as técnicas, mas sem sabedoria (Moysés et al., 2002), sem historicidade e sem problematização crítica. Sendo que o necessário para o campo da educação é reconhecer sua natureza híbrida e sua complexidade.

A crise da escola e as tecnologias

Desde o final da década de 1960, registra-se uma profunda insatisfação designada como crise mundial da educação, que se traduz em uma percepção ou constatação da crise da escola. A instituição escolar, que ao longo da modernidade foi ponto de referência preferencial de toda ação educativa da sociedade ocidental, começa a ser fortemente questionada.

Como apontam vários autores – Canário (2006), Amiel (2012) e Veiga-Neto (2012) entre muitos outros – a sensação de crise deriva sempre da diferença entre o esperado e o obtido, entre o desejado e o conseguido, entre o imaginado e o realizado, e essa diferença nas últimas décadas tem sido percebida com intensidade crescente. Uma explicação para isso é a presença cada vez mais evidente e acentuada das Tecnologias da Informação e da Comunicação (TIC) no nosso cotidiano. No discurso contemporâneo sobre a educação, a crise da instituição escolar e de seu modelo é associada cada vez mais à popularização das TIC e às novas formas de comunicar, acessar a informação e aprender, que elas providenciam.

Defende-se, por exemplo, que as novas gerações aprendem de forma diferente, que o currículo escolar é muito engessado para preparar os cidadãos do futuro e que a prática pedagógica tradicional "cuspe e giz" é ultrapassada. Porém, já a partir da primeira metade do século XX vários pensadores destacavam a necessidade de rever o sistema escolar, a começar pelo esquema "um professor para muitos alunos" e a organização compartimentada de tempos e espaços do modelo que historicamente se impôs como universal. Entre eles, apresentamos brevemente o pensamento de Herbert Spencer, John Dewey, Maria Montessori e Paulo Freire. Para trazer mais questionamentos sobre a necessidade de reinvenção da escola, trazemos ainda as (polêmicas) considerações de Ivan Illich.

Apesar das diferentes perspectivas de suas contribuições, notamos que transversalmente a todas elas há uma ênfase na necessidade de valorizar o movimento e o corpo, destacar a importância da arte, da estética e da manualidade para o processo de aprendizagem e no resgate da relação do aprendiz com a natureza, para um entendimento das interconexões entre os objetos e os sujeitos que a constituem. O foco é também na experiência do aprendiz, como fundamento da construção da personalidade. Interesse esse que mantém o pensamento desses autores e educadores extremamente atual.

O filósofo inglês Herbert Spencer (1820-1903) questionou o modelo escolar consolidado e, sobretudo, a interferência do Estado na educação. Defendeu a importância da ciência e definiu o conhecimento como o estudo científico em educação, psicologia, sociologia e ética. Sendo que a filosofia é o conhecimento mais geral e mais completo, pois unifica todo o conhecimento. O autor afirmou que *o principal objetivo da escola seria a construção da personalidade*, enfatizando o autoaperfeiçoamento do indivíduo e sobretudo a importância do conhecimento da natureza. A visão de Spencer era de organicismo entre os objetos e os sujeitos que compõem a natureza. Segundo ele, os organismos individuais, as espécies, os sistemas políticos e as sociedades são similares por terem uma tendência evolutiva que vai das entidades simples e homogêneas às mais complexas e heterogêneas, sendo que o ser humano é o resultado desses processos evolutivos e de sua adaptação ao ambiente. As ideias que o ser humano desenvolve graças a sua inteligência são expressão da capacidade de colocar diferentes objetos em relação e de criar conexões (Frost, 1962; Spencer, 1911).

Já o filósofo e pedagogo John Dewey (1859-1952), um dos intelectuais norte-americanos mais conhecidos, afirmou a *necessidade de a escola não se restringir à transmissão de conhecimento como algo predeterminado* e procurar o diálogo do ensino com a prática cotidiana. Para ele, a ação não pode ser entendida como separada do pensamento e, portanto, o conhecimento escolar precisa ser prático, não contemplativo. O autor compreendia e defendia a importância da dimensão emocional para nossa habilidade de significar o mundo e muitas vezes, em seus textos, fazia referência a noções como movimento e transformação, seja para caracterizar a sociedade, o indivíduo ou a escola (Bannell et al., 2016; Cunha, 2001). Para Dewey (1959), a consciência de que o universo é aberto, variado e instável propicia práticas científicas que abandonam as verdades imutáveis da ciência moderna e inspiram uma nova atitude filosófica. Com base nessa proposta, resolver problemas de forma didática, para Dewey (1980), diz respeito à construção de um ambiente de aprendizagem que se pauta nas etapas básicas do método científico. Com isso, as atividades didáticas podem ser organizadas em forma de situações-problemas que seguem os passos do processo científico: partem das observações e da formulação de perguntas; passam para a formulação de hipóteses e a realização de experimentação, até chegarem à confirmação ou refutação, que segue para a formulação de novas questões. Nesse sentido, uma renovação radical do sistema escolar não precisaria de métodos e reflexões puramente intelectuais, mas de mentes criativas e imaginação corajosa, de qualidades humanas e morais. Mais do que técnicas ou científicas, são qualidades que se encontram em ação em toda obra de engenharia e que precisam ser aplicadas e aproveitadas também na educação.

Por sua vez, a crítica da educadora e médica italiana Maria Montessori (1870-1952), conhecida em muitos países pelo método educativo que desenvolveu, se dirige ao fato de as escolas tradicionais não buscarem as *condições de desenvolvimento de liberdade, elemento que ela acreditava ser crucial para a construção da autonomia dos alunos.* Montessori (1909) falava em liberdade não no sentido de ações soltas, desordenadas, sem regras nem objetivos, mas no sentido profundo de "libertação" dos obstáculos que impedem que as crianças tenham seu desenvolvimento natural. Portanto, no método que ela criou, a sala de aula é principalmente um lugar de observação e de breves experimentos. Um momento caracterizado por aulas simples, objetivas, em que o educador desaparece frente ao objeto para o qual quer chamar a atenção do aluno. A missão do educador, nas palavras da autora, é "lançar um raio de luz e ir para a frente" (Montessori, 2008, p. 44).

No Brasil, e atualmente em todo o mundo, a contribuição do pedagogo e filósofo brasileiro Paulo Freire (1921-1997) também foi de fundamental importância para a definição de um modelo de educação alternativo à escola tradicional. Sua didática fundamentava-se no diálogo e na crença de que a aprendizagem se beneficia de uma prática dialética com a realidade, em oposição à educação bancária e tecnicista. Segundo Freire (1979; 1987), *a educação é um ato político, constituindo-se como prática de liberdade e de conscientização*, que permite aos oprimidos recuperarem sua humanidade. Na perspectiva por ele delineada, a escola é um lugar de protagonismo, cujo desenvolvimento podemos resumir em três processos: as práticas pedagógicas não podem ser dissociadas da vida cotidiana das pessoas; as transformações que são esperadas nas práticas dos alunos devem ser as mesmas esperadas nas práticas dos professores; o professor aprende ao mesmo tempo em que o aluno aprende. Entendemos, portanto, que só poderemos pensar em jovens autônomos, colaboradores, criativos e motivados quando professores buscarem desenvolver em seu ambiente de trabalho essas características.

Entre as avaliações voltadas à escola, não podemos deixar de mencionar a crítica radical do austríaco Ivan Illich (1926-2002), que propõe uma "sociedade sem escolas". O autor considerava como uma confusão fundamental o fato de tomar a educação como sinônimo de escola, e vice-versa. Para ele, o direito de aprender é interrompido no justo momento em que somos obrigados a frequentar a escola. Illich apontava que a artificialidade da vida proposta naquele ambiente, bem como a burocracia escolar, são elementos que interferem de modo negativo no aprendizado. Por compreender que o processo educativo ocorre independentemente da estrutura escolar, seu conceito de "teias de aprendizagem" (Illich, 1985) vem sendo sistematicamente utilizado por pesquisadores que se debruçam nas questões sobre a Educação Aberta (Pireddu, 2013; Amiel, 2012). Com a metáfora da rede, Illich vislumbrou – ainda na década de 1970, ou seja, em uma era "pré-Internet" – um sistema educacional horizontalizado, no qual o ensino e o aprendizado ocorre de forma contínua, envolvendo diversas pessoas e em todas as instâncias da vida social cotidiana. Para ele, "a teia educacional aumenta a oportunidade de cada um de transformar todo instante de sua vida em um instante de aprendizado, de participação, de cuidado" (Illich, 1985, p. 14). Seguindo essa ideia, a organização reticular da escola geraria novas estruturas relacionais que possibilitam aos sujeitos definir sua própria aprendizagem e, ao mesmo tempo, contribuir com a aprendizagem do outro. Isso significa, "a criação de um novo estilo de relacionamento educacional entre o homem e o seu meio ambiente" (Illich, 1985, p. 83). Essa provocação passa pelo reconhecimento de que o processo de ensino e aprendizagem não é linear e muito menos fragmentado, mas orgânico, complexo, multidimensional.

Como dissemos, de forma geral, essas visões pedagógicas têm muitos elementos em comum. A ciência e o método científico são valorizados desde que haja também o espaço para a mudança, a criação individual e o compartilhamento, a transformação do ambiente e do mundo, a experiência e, sobretudo, a consideração de que devemos ser vistos e tratados como um todo, e não apenas como partes isoladas. Em todas essas perspectivas, o modelo de escola tradicional é questionado por não conseguir se adaptar às necessidades individuais e coletivas do sujeito que aprende. Ao contrário, segundo os autores mencionados, o aspecto mais importante da educação escolar é estimular a vida em um ambiente em que ela possa se desenvolver com liberdade, e sempre em diálogo com o mundo e suas mudanças.

À luz dessa breve análise, deve-se reconhecer que as TIC não desencadearam a crise atual da escola. Talvez tenham enfatizado um processo já em curso, por apresentar novos caminhos para a aprendizagem, acesso universalizado à informação e espaços virtuais de compartilhamento e colaboração, assim como novas possibilidades de criação. Porém, precisamos ter cuidado com visões utópicas e distópicas sobre as tecnologias e com o vocabulário que essas visões, às vezes, carregam:

> A questão do acesso às novas tecnologias é explorada por muitas pesquisas de forma incompleta, parecendo sugerir que o critério político a ser adotado para garantir a igualdade social é a mera conexão. Além disso, confunde-se universalidade com igualdade, propagação com inovação, tecnologia com progresso (Pischetola, 2016, p. 9).

Com essas premissas, percebemos quão necessário é desfazer os discursos que acompanham a difusão das TIC na sociedade e na educação e, em paralelo, aprofundar as motivações reais da crise da escola.

Aspectos da crise da escola

Na base do modelo de escola tradicional há uma separação entre os saberes construídos entre os muros escolares (considerados "legítimos") e os saberes que os jovens desenvolvem em suas experiências cotidianas. Com essa separação constituíram-se o monopólio da escola e a destituição de outras agências (museus, bibliotecas, associações culturais etc.) ligadas à vida cotidiana e aos processos de socialização de sua responsabilidade educativa. A escola como instituição definiu-se como tempo e espaço separado da realidade social, o que resultou aos poucos em um afastamento da experiência de vida dos alunos e uma desvalorização dos conhecimentos que não estiverem categorizados como "parte do programa escolar", com graves consequências em termos de compreensão e atribuição de sentido por parte dos aprendizes. "Quando falamos em escola pensamos em ensino", afirma Canário (2006, p. 38), com a consequência de ignorar o ponto de vista dos sujeitos que aprendem e seus recursos cognitivos, emocionais e relacionais exercidos para construir o conhecimento. Mas não seriam esses os recursos mais importantes para a aprendizagem?

Há uma profunda contradição na escola moderna tradicional, que Hannah Arendt, em um texto de 1954, definiu como uma crise de dois níveis, política e educacional. Apesar de a instituição escolar ter enfatizado o bem-estar da criança, algumas condições de "crescimento vital" do jovem foram quebradas. A escola, lugar intermediário entre o espaço privado familiar da criança e o mundo externo, é o ambiente onde o aluno será introduzido ao mundo, através da mediação dos educadores e sua responsabilidade. Arendt encontra nesse processo um conservadorismo, no sentido da conservação, que estaria no fundamento da atividade educativa. A tarefa da educação, afirma a autora, é a de proteger a criança do mundo e, ao mesmo tempo, também o mundo da criança, para a preservação do antigo frente ao novo. Essa responsabilidade assumida pela educação reflete uma atitude conservadora, que talvez seja necessária para construir a relação da criança com os adultos, mas que de fato não é positiva de um ponto de vista político. A aceitação do *status quo*, afirma Arendt, é uma postura destrutiva, pois "o mundo é irrevogavelmente entregue à ruína do tempo a menos que os seres humanos estejam determinados a tomar, alterar, criar o que é novo" (Arendt, 1954, p. 11)[1]. A crise da autoridade da escola é, segundo a autora, o elemento propulsor da crise na educação. Apesar de a autora refletir sobre a crise da escola no contexto específico da sociedade de massa e dos Estados Unidos, suas ponderações são válidas em outros contextos históricos e sociais. Percebemos que a crise da escola se relaciona com a desvalorização da reflexão e do pensamento, como elementos que propiciam criatividade e senso crítico. Trata-se de um fenômeno complexo e alterações pontuais na escola não serão suficientes para resolver sua crise.

A partir dessas preciosas reflexões, podemos afirmar que a crise da escola e de seus fundamentos emerge em três aspectos fundamentais: (1) *uma crise da organização da escola*; (2) *uma crise de seus métodos de ensino*; (3) *um questionamento da concepção de conhecimento* que fundamenta o sistema e a organização escolar. Analisamos brevemente a seguir cada um desses elementos, para depois avaliar como as tecnologias digitais têm influenciado e exacerbado (ou não) a crise já existente.

---

1. Citação traduzida do inglês. Texto original: "the world, in gross and in detail, is irrevocably delivered up to the ruin of time unless human beings are determined to intervene, to alter, to create what is new".

A crise da organização escolar

No cenário contemporâneo, o que se convencionou chamar de "crise da escola" se estabelece, sobretudo, no confronto entre seu caráter de linearidade – métodos, relações, tempos e espaços – e a não linearidade que o cenário da comunicação mediada pelas tecnologias digitais admite. Em uma primeira olhada, as diferenças entre os processos escolares e as práticas de comunicação, socialização e conhecimento mediadas pelas TIC parecem mesmo ser opostas. Ao contrário do que é proposto na escola, as tecnologias digitais permitem, por exemplo, abordar a informação por muitos caminhos, que não necessariamente seguem os critérios de fragmentação temática ou disciplinar. Os jovens estão constantemente conectados com seus pares, a qualquer hora e em qualquer lugar. A Internet amplifica as possibilidades de comunicação e o surgimento de novas práticas de relação social. As redes sociais refletem uma *forma mentis* que se fundamenta em uma constante exposição de si, amplificando o *voyeurismo* com relação à vida dos outros. Além disso, os polos da emissão e da recepção mudaram suas características, assim como as possibilidades de criar e divulgar informação.

Por outro lado, o currículo escolar – artefato que articulou disciplinarmente as práticas e os saberes escolares –, está fundamentado em uma fragmentação de saberes em disciplinas separadas, raramente em diálogo entre elas, e na compartimentação estandardizada de tempos e espaços. Profundamente relacionado com a fabricação do sujeito moderno, desde a sua invenção, no final do século XVI, passando pela implantação do modelo da instituição escolar, no século XVIII, a escola naturalizou essa lógica (e epistemologia) disciplinar – que estabelece repartições de conhecimentos – até os dias de hoje. Ao mesmo tempo, traduziu-se numa forma específica de entender as relações entre professor e aluno, a partir de uma conceituação do conhecimento como algo predeterminado e externo ao sujeito, que possa ser adquirido através de uma transmissão unilateral chamada ensino.

Contudo, basta uma rápida comparação para percebermos que as escolas em todo o mundo continuam, através dos séculos, refletindo a elas mesmas. Se buscarmos imagens de instituições situadas nas Filipinas, na Itália, na Etiópia ou no Brasil, ainda veremos a mesma sala de aula em configuração retangular, as mesmas carteiras, a mesma mesa do professor, o mesmo quadro-negro (ou verde ou branco) (Canário, 2006). E, mais importante, ali ainda perduram a mesma fragmentação dos saberes, hierarquização das relações e domesticação dos corpos e dos comportamentos. Apesar das diferenças culturais, econômicas e políticas – e de alguns esforços isolados – no geral as variações são pequenas. Mesmo que as salas de aula sejam equipadas com telas interativas, que tomam o espaço do quadro-negro, e os alunos tenham trocado seus cadernos por tablets, o professor ainda ocupará o lugar do saber, de quem ensina conteúdos para um grupo de alunos, de nível semelhante de aprendizado e de idade, que toma o lugar do não saber. E a escola ainda manterá a sua identidade.

Mesmo que a urgência em se propor novas soluções para a escola esteja no topo das discussões que buscam uma educação e formação "para o século XXI", o atual discurso de crise se aproxima mais do slogan do que de uma reflexão. Com seu argumento rápido e de fácil memorização – centrado em associar, repetidas vezes, o descompasso entre a escola e as práticas possibilitadas pelas tecnologias digitais e pela Internet – ele está diretamente associado à necessidade de inovação. Procedente do campo da economia[2], ao ser transposto para a área da educação o conceito de inovação corre o risco de vir impregnado de princípios pautados apenas na busca pelo desenvolvimento econômico, no qual se procura transformar

---

2   O conceito de "inovação" surgiu na obra *Teoria do desenvolvimento econômico*, publicada em 1912, de autoria do economista e cientista político austríaco Joseph A. Schumpeter. Esta é considerada a primeira obra a colocar a inovação no centro da dinâmica econômica. No interesse da educação, o conceito vem sendo utilizado desde meados da década de 1970. Contudo, de acordo com Silva (2015), a educação com base na inovação tornou-se mais enfatizada após a utilização deste conceito pela Organização para a Cooperação e Desenvolvimento Econômico (OCDE). A OCDE considera a inovação como "um fator crucial para manter a competitividade em uma economia globalizada" e "motor para o desenvolvimento e crescimento". Segundo Silva (2015), essa concepção é a mesma proposta por Schumpeter (1961, p. 110), para quem a inovação é o impulso fundamental do processo econômico, que "põe e mantém em funcionamento a máquina capitalista".

a escola enfatizando as inovações tecnológicas antes de se propor novas interações de seus integrantes.

Se inovar é a palavra da vez, com ela não está só o imperativo de se reiventarem metodologias, critérios, indicadores, propostas, políticas e desejos. Essa obrigação aparece, na maioria das vezes, associada à adoção das tecnologias na escola apenas pelo viés das condições materiais. Sob as concepções de um modelo tecnicista, a inovação é só uma estratégia que fará com que esta instituição se concentre apenas nos equipamentos e ferramentas, e a educação se configure somente como mais uma mercadoria (Bannell, 2017; Pischetola, 2018; Silva, 2015). O risco de se adotar tal ponto de vista está em seu viés determinista que, ao mesmo tempo que credita às tecnologias digitais a atual crise da escola, propõe sua adoção como solução para todos os problemas da educação. Como aponta Charlot (2006, p. 14), esse é "um discurso que acredita que a inovação é, em si, um progresso".

Assim, quando pensamos na crise da organização escolar devemos questionar sobre as características de segregação, seleção e homogeneidade, adquiridas e mantidas desde o século XVIII, frente à necessidade de se abarcar a heterogeneidade, a diversidade e a multidimensionalidade, valorizando a combinação de aspectos biológicos, sociais e culturais, que o cenário contemporâneo demanda (Bannell et al., 2016; Candau, 2018; Dubet, 2011; Lopez, 2013; Morin, 2011). Podemos pensar que é aí que reside a sua instabilidade. Nesse sentido, percebe-se que a introdução das tecnologias na escola, um dos imperativos do discurso de inovação, pode alterar a estrutura escolar sem, contudo, modificar sua organização, ou seja, sem alterar significativamente seu caráter, sua identidade. Ao contrário do que se pode imaginar, mudanças na estrutura do sistema social farão, em certa medida, com que a organização não só não se modifique, como preserve suas características iniciais (Tescarolo, 2004).

Seguindo essa perspectiva, se retomarmos o exemplo de adoção dos tablets no lugar dos cadernos veremos que estes são apenas componentes atuais da escola que em nada interferem em questões de segregação, seleção, homogeneidade, linearidade, entre outras. Da mesma maneira, "novas" e "ativas" metodologias podem até alterar a estrutura escolar – por exemplo, expandir a sala de aula permitindo que os alunos explorem o ambiente escolar ou propondo que exponham suas dúvidas em chats e fóruns de discussão –, mas não modificarão sua organização, ou seja, o conjunto de relações que constituem o modo de "pensar a escola" (Canário, 2002, p. 142). Em um campo de atuação complexo como o da educação, "o professor não pode produzir diretamente o resultado de sua ação" (Charlot, 2006, p. 16), mesmo que adote as mais inovadoras metodologias e as mais modernas tecnologias.

Como percebemos em nossas pesquisas sobre as políticas públicas de inserção das tecnologias digitais móveis na educação, no âmbito do Programa Um Computador por Aluno (Prouca), do Governo Federal, ao buscarmos propor na escola práticas com as tecnologias que extrapolaram seu viés material e sem renunciar ao conhecimento e à cultura, incidimos o foco nas relações dos sujeitos entre si e com o ambiente, articulando ali um cenário reticular (Miranda, 2017; Pischetola, 2015, 2016; Pischetola e Miranda, 2015). Esse enfoque buscou atualizar o funcionamento da escola e enfrentar a complexidade por meio de novas interações – caminho que leva à reflexão sobre a organização escolar.

Como defende Lima (2006), a crise da organização escolar não é essencialmente pedagógica, capaz de ser resolvida com novas metodologias apresentadas como "receitas", e nem diz respeito somente às necessidades econômicas, que serão resolvidas com a adoção das tecnologias e/ou com a inserção de processos educativos no ambiente digital. Assumir a visão reducionista buscando alterar a organização escolar pode mudar os componentes, mas não altera as relações, além de reforçar ainda mais a crise. Assim, se o objetivo não for o de promover o desaparecimento da escola, é nas interações entre os sujeitos, que constitui o conjunto de propriedades e que define sua organização, que se deve investir.

A crise do método didático

Desde o advento das tecnologias digitais, o sistema educacional recebe uma forte pressão para a atualização das práticas didáticas. A tecnologia é entendida pelas políticas públicas como o primeiro fator de inovação e primeira fonte de mudança paradigmática do modelo escolar em crise. No entanto, sob um olhar atento, percebemos que a escola precisa enfrentar primeiramente outros elementos que estão sendo postos em questão, e que não dependem da presença ou ausência de TIC.

Em primeiro lugar, na escola, o trabalho didático está fundamentado em "categorias" e objetos lineares e dicotômicos.

> Se pudéssemos observar, simultaneamente, um grande número de escolas de países e épocas diferentes, continuaríamos a observar uma realidade muito semelhante em todas. Uma sala retangular, onde os alunos se sentam de costas uns para os outros, virados para o professor que, com uma mesa e um quadro-negro, transmite a mesma informação a todos, ensinando o grupo como se se tratasse de um só indivíduo. É essa a descrição de sala de aula em que se realiza o "ensino tradicional" (Canário, 2006, p. 39).

No geral, a tendência da escola é a de proporcionar soluções preconstituídas, menosprezando a capacidade de pesquisa e de descoberta do sujeito que aprende e limitando a pluralidade de soluções possíveis para um mesmo problema. Entre as crenças pedagógicas que fundamentam essas práticas está a ideia de que o desenvolvimento cognitivo se dá com a absorção de conteúdo curricular, que é preestabelecido pelos programas ministeriais, que também indicam as formas como os conteúdos podem ser melhor assimilados. Desse modo, a riqueza das experiências individuais dos alunos e seu pertencimento a comunidades sociais historicamente e geograficamente diferentes perdem valor, reduzidos a uma única interpretação do mundo. O foco não está na construção de pensamento crítico e na produção de conhecimento conjunto e sim na recepção ou no consumo de informação previamente selecionada e elaborada.

Uma análise atenta do discurso pedagógico, observa Machado (2002), revela a presença constante de termos como "conhecimento", "inteligência", "disciplinas", "planejamento", "tecnologias educacionais", "avaliação", com um significado que não parece estar em discussão. Os conteúdos são mais importantes do que os processos e, portanto, as aulas são expositivas e os alunos fazem exercícios de decoração e cópia. A avaliação é classificatória e assume um papel central, determinando a motivação extrínseca do aluno, que estuda para a nota final. Implícito nesse modelo, é o pensamento positivista que busca eficiência e eficácia de resultados (Moraes, 2010). Nesse sentido, a avaliação é um dos nós cruciais do fracasso da escola tradicional, pois treina os alunos a atribuir valor às aulas em função da avaliação final. Está focada em respostas fechadas e preconstituídas (há sempre uma opção "certa" e outras "erradas") e não permite uma real evolução dos caminhos de aprendizagem e/ou um questionamento aberto e crítico por parte dos alunos.

Como integrar as atividades desenvolvidas pelas tecnologias digitais nesse modelo de avaliação escolar? Se reconhecemos que as TIC e a Internet apresentam uma possibilidade de acesso às informações variadas, de produção e criação de conteúdos diferentes e permitem formas de avaliação mais "democráticas", no sentido de uma exposição pública do sujeito, como fazer um diálogo de tudo isso com uma avaliação fundamentada no certo/errado?

Em uma análise extremamente crítica da educação nos anos 1960, os pesquisadores estadunidenses Neil Postman e Charles Weingartner (1969) questionaram justamente esse tipo de avaliação, como sendo o obstáculo para o desenvolvimento das competências críticas dos alunos e de uma mudança na natureza das relações sociais. Se quisermos uma sociedade fundamentada em cooperação e pensamento crítico, afirmam os autores, precisaremos rever as características da avaliação atualmente utilizada na escola e deixar espaço para as perguntas, em lugar de avaliar respostas. A avaliação escolar tende a focar nos resultados finais de um processo, em vez de no processo em si, e perde de vista as nuances subjetivas da evolução de cada aprendiz. Segundo Postman e Weingartner, deveria ser proibido aos professores fazerem perguntas das quais já conhecem a resposta. Se aplicássemos essa sugestão à nossa educação escolar atual no Brasil, acreditamos que haveria um processo interessante de revisão das estratégias didáticas.

A crise da concepção de conhecimento

Em termos epistemológicos, a literatura destaca a construção de um conhecimento escolar objetivado, estático e não questionável. A concepção dominante nos ambientes educacionais – no ensino básico como no ensino superior, na formação inicial como na formação continuada – entende o conhecimento científico como um objeto finito, acabado, objetivo e autônomo, que através do processo de ensino será revelado e transmitido ao sujeito que busca aprender. Apesar de esta visão não ser explícita nos cursos de formação universitária, ela é naturalizada e enraizada pelos estudantes, inclusive entre os futuros professores, mais fortemente ainda do que os próprios conteúdos disciplinares. Afirmam Moysés et al. (2002, p. 93-94) a esse respeito:

> No território das práticas escolares, ao aluno é reservado o papel de um recipiente a ser preenchido pelos conhecimentos transmitidos. Suas capacidades são aí duplamente desenvolvidas; de um lado, como capacidade de armazenamento de objetos com que se o preenche, até seu limite. De outro lado, ele é mensurado/avaliado pela capacidade de aplicação que ele faz/fará desses objetos que lhe vão sendo passados. A esse aluno, receptor duplo, pois passivo e ativo, só resta convencer-se de que tudo que lhe é dado a ouvir ou a ler é verdade. Ou não se convencer. E os que não se convencem, rapidamente apreendem que é conveniente se representar convencidos.

Não somente "conhecimento" pertence à lista de palavras esvaziadas de seu significado, mas pouco se discutem também o significado e os processos do ato de conhecer. Assim, o currículo dos conhecimentos a serem alcançados adquire uma aparência de neutralidade, como se os conteúdos das disciplinas não fossem selecionados e escolhidos por instâncias superiores, às vezes com objetivos (e inclusive interesses políticos ou econômicos) não explicitados.

De fato, a forma de trabalho escolar que conhecemos atende a uma concepção de conhecimento cumulativa, em que o currículo representa uma série de informações em sequência, através de uma lógica de repetição e de relações hierárquicas e autoritárias (Canário, 2006). A imagem cartesiana de uma cadeia de saberes construídos linearmente parece plenamente hegemônica, apesar da variedade de formas e disfarces que adquire em cada ocasião. Isso acontece por alguns pressupostos do currículo, como por exemplo, a ideia de que os conteúdos escolares devem seguir uma única direção, que no geral é do mais simples ao mais complexo, do mais concreto ao mais abstrato, do próximo para o distante, do local para o global. Continuamos dividindo e subdividindo os saberes, convertendo o todo em partes, separando a história em eventos isolados, a natureza em objetos desagregados, o corpo humano em órgãos, ossos e membros e assim por diante, sem percebermos a importância das inter-relações entre os objetos, em sua integração, abstração e síntese. A esse propósito Fichtner (2012, p. 209) observa que

> Na escola, as crianças e adolescentes passam o tempo mais produtivo e criativo de suas vidas. Geralmente, entram com esperança, criatividade, fantasia, vontade de aprender e, na maioria dos casos, saem desiludidos, lesados, empobrecidos. Saem "afortunados" possuidores de habilidades, competências e conhecimentos que, na maioria das vezes, não têm relação com as suas vidas e com a sociedade na qual devem viver e trabalhar.

As crianças e os jovens, continua o autor, identificam o conhecimento científico na nossa sociedade somente nas técnicas e nos instrumentos que permitem abordar o mundo de forma mecânica, pois eles aprendem que o conhecimento se aplica como técnica e tecnologia, "como uma materialização e cristalização imediata do conhecimento científico" (Fichtner, 2012, p. 223). Apesar de o conhecimento científico estar presente em todas as áreas da vida cotidiana, ele torna-se, por trás das técnicas, absolutamente invisível, neutro.

Aliado a isso, a concepção de conhecimento na escola está totalmente atrelada à razão, conforme o pensamento iluminista indica ser o caminho da aprendizagem. Isto é, não há espaço para o corpo, pois na interpretação comum do desenvolvimento de saberes, o corpo não faz parte das formas ou dos canais de aprendizagem. Ao contrário, na escola o corpo precisa ser controlado, sendo valorizada a experiência de aprendizagem pela corporeidade somente na educação infantil (Bannell et al., 2016).

Estabelece-se uma concepção da mente como algo totalmente separado do corpo, o que aporta um descolamento da realidade, tornando a escola um lugar de ausência. A abstração e a falta de ancoragem dos conceitos à experiência prática e corporal condenam a aprendizagem à memorização de informações, através de um processo de repetição, que dificilmente pode se tornar aprendizagem significativa.

As realidades virtuais, propiciadas pelas TIC, apresentam muitas alternativas valiosas para o educando, em termos de presença. Os videogames, por exemplo, constituem um espaço de experiência muito próxima do real. Permitem desenvolver ações que na realidade não seriam possíveis, apresentando uma série de possibilidades para a aprendizagem. Os processos envolvidos nos jogos podem ser de grande importância para a alfabetização dos jovens e a interação entre os pares on-line constitui uma rica fonte de experiência, em que o corpo também se faz presente.

Nas redes sociais, onde os jovens passam muito de seu tempo, as informações são misturadas, as regras do espaço-tempo subvertidas, as comunicações imediatas. Tudo isso envolve emocionalmente os jovens e seus processos de aprendizagem. Qual o conhecimento desenvolvido por esses canais? Quais as conexões entre sujeitos, objetos, informações e sentidos que os jovens fazem de suas experiências de navegação? Voltaremos a esses assuntos nos próximos capítulos. Por enquanto, precisamos reconhecer que as TIC e a Internet providenciam um espaço de aprendizagem alternativo, paralelo à escola, revolucionando a lógica da separação em lotes de informação proposta pelo currículo e sua linearidade.

Mitos e tecnologias

Em seu brilhante texto intitulado *Tecnopólio*, de 1992, o estudioso de mídias e educação estadunidense Neil Postman descreve o processo histórico que levou a humanidade à mitificação da tecnologia como resposta a todas as necessidades e angústias do homem. O autor narra como as culturas evoluíram da invenção de ferramentas que resolviam problemas do homem (cultura de ferramentas), para o momento em que as ferramentas passaram a desafiar a cultura, transformando a concepção de homem e de necessidade humana (tecnocracia), até o modelo de sociedade, em que a técnica e a tecnologia se impõem sobre a tradição e a cultura existente (tecnopólio). Nesse último estágio, que segundo o autor já é uma realidade em alguns países no mundo, a técnica se tornou o principal meio pelo qual o homem é reconhecido socialmente. No tecnopólio, não existe mais pensamento crítico ou necessidade de entender o porquê das coisas, pois a tecnologia pensa em tudo, resolve tudo e predomina não apenas sobre os valores da tradição, mas também sobre o comportamento dos homens. Qual será, então, a tendência das nossas sociedades futuras: uma humanização da máquina ou uma mecanização do homem? Postman destaca a vulnerabilidade do homem frente ao determinismo tecnológico. Em suas palavras:

> As novas tecnologias mudam aquilo que entendemos como "conhecimento" e "verdade"; elas alteram hábitos de pensamento profundamente enraizados, que dão a uma cultura seu senso de como é o mundo – um senso do que é a ordem natural das coisas, do que é sensato, do que é necessário, do que é inevitável, do que é real (Postman, 1994, p. 22).

O tecnopólio produziu um maior acesso à informação, diz o autor, mas ao mesmo tempo, a fragmentação das fontes e a quantidade de informações que o indivíduo recebe cotidianamente impossibilitam uma absorção, elaboração e produção de informações significativas. Se aplicarmos o pensamento do autor, oriundo de uma época em que a Internet móvel ainda não era uma realidade, aos dias de hoje, encontramos elementos para uma análise muito atual dos novos analfabetismos digitais (Pischetola, 2016).

A partir dessas reflexões, somos instigados a enfrentar alguns mitos que permeiam o campo da educação com relação às novas tecnologias e sua relação com a sociedade. Evidenciamos, em particular, a existência de três tipos de discursos, que emergem tanto no âmbito acadêmico como no âmbito profissional da educação: (1) o mito de uma geração experta em uso de tecnologias, (2) o mito da motivação que as tecnologias geram em educação e (3) o mito da Internet como espaço de colaboração.

Mito dos nativos digitais[3]

Convivemos com a ideia generalizada de que os jovens "já nascem sabendo" usar as tecnologias e por sua vantagem geracional, são os mais expertos em termos de uso das novas tecnologias. As nossas pesquisas da última década em escolas de ensino básico da Itália, Etiópia e Brasil, mostram que se trata de um mito. A construção desse mito está fundamentada em teorias frágeis, como a teoria de uma "natividade digital", defendida por Prensky em 2001 e abraçada no discurso de senso comum em educação.

Assim, pais e professores, pertencentes a um mundo em que o papel era o suporte de leitura e escrita mais utilizado, mostram sua admiração pelas conquistas dos jovens em termos de softwares

---

3   Uma parte do texto desta seção foi adaptada do artigo publicado em coautoria com Heinsfeld: Pischetola, M. e Heinsfeld, B. D. "Eles já nascem sabendo!": desmistificando o conceito de nativos digitais no contexto educacional. *Revista Novas Tecnologias na Educação*, vol. 16, n. 1, p. 1-10, julho 2018.

instalados e aprendidos, jogos on-line, práticas de compartilhamento e de produção impensáveis há alguns anos, e em constante evolução. Frente a tantas novidades, as agências clássicas de educação – *in primis* a família e a escola –, "imigrantes digitais", sentem-se defasadas e incapazes de competir com as práticas culturais que as tecnologias providenciam para os jovens.

De fato, as demandas técnicas das novas interfaces tecnológicas são significativas e em constante evolução, o que tem instigado os educadores a concluírem que os jovens sabem muito mais que os adultos e seu conhecimento técnico é suficiente para se valer de todas as potencialidades dessas tecnologias (Gee, 2010; Livingstone, 2011; Lemke, 2010). Esse argumento apresenta dois problemas fundamentais: (1) não define o termo "habilidade" e pressupõe, assim, que a prática seja suficiente para fazer uso de tecnologias; (2) considera que o autodidatismo é prerrogativa de crianças e jovens, sendo que se trata de uma capacidade que todas as gerações apresentam.

Com respeito ao primeiro ponto, cabe destacar que o verdadeiro desafio para a educação não é a técnica, mas o uso *significativo* das tecnologias, que inclui a capacidade de buscar, elaborar e compartilhar informações, para poder formar opiniões com base em fontes de informação confiáveis. Isso significa utilizar as tecnologias para além do lazer, da comunicação pelas redes sociais e do entretenimento, buscando novas formas de letramento(s).

Na perspectiva de Paulo Freire, o letramento não termina com a aprendizagem do sistema de escrita e leitura: também o compõem as práticas sociais de ler e escrever, assim como os contextos em que elas se dão. Seguindo essa reflexão, entendemos que ser letrado na cultura digital significa desenvolver não apenas habilidades técnicas, mas uma abordagem autônoma para o uso dos recursos disponíveis. Em uma perspectiva que entende a inclusão digital como desenvolvimento de habilidades que vão além da mera aptidão técnica, o acesso físico e material à tecnologia não é suficiente para gerar mudanças significativas (Naumann e Pischetola, 2017; Pischetola, 2016).

Os "nativos digitais" contam com esses tipos de habilidades? Sabem pesquisar uma informação para além da primeira página de resultados do Google? Sabem reconhecer fontes de informação confiáveis? Refletem sobre a necessidade do respeito da fala do outro nos ambientes on-line? No mundo on-line, convergem informação e entretenimento, trabalho e lazer, local e global, público e privado. Diante dessa convergência, os sujeitos precisam desenvolver habilidades muito além das que já possuem em relação às dinâmicas de colaboração, acesso à informação em múltiplos formatos, produção de conteúdos e comunicação nos diferentes espaços de mediação.

Um segundo pressuposto que fundamenta o mito de uma geração que "sabe tudo" depende do entendimento generalizado do potencial oferecido pelas TIC. Graças à quantidade de conteúdos, cursos, plataformas, comunidades e espaços de comunicação síncrona ou assíncrona on-line, qualquer pessoa com acesso à Internet pode escolher o que deseja aprender. E pode fazer isso no horário, ritmo e local que lhe for mais conveniente, conforme suas possibilidades, suas necessidades e seus estilos de aprendizagem. Essa aprendizagem autodirecionada remete ao conceito de "autodidatismo", com a diferença fundamental de que, com as TIC, os aprendizes não apenas consomem informação, mas produzem informação, alimentando os recursos da rede (Gee, 2009). As práticas de autodidatismo pelas tecnologias são relacionadas, nas falas de professores e pais de jovens que participaram de nossas pesquisas, à chamada "geração x" ou "geração y" ou dos "nativos digitais", nascida pós-década de 1980 e já criada em uma cultura digital (Pischetola, 2016; Pischetola e Heinsfeld, 2018). No entanto, pesquisas das últimas décadas mostram que devido a sua natureza livre e aberta, o autodidatismo não se restringe a uma faixa etária específica. Já em 1973, o professor Malcolm Knowles, considerado a figura central na educação de adultos nos Estados Unidos, tinha chegado a essa conclusão, investigando o potencial de aprendizagem dos adultos frente a métodos de ensino e aprendizagem que buscavam fórmulas diferentes do ensino acadêmico tradicional, em direção à autonomia do aprendiz.

Em suas investigações, o estudioso percebeu que quanto mais o indivíduo cresce e amadurece, mais aumentam suas necessidades e suas capacidades de se "autodirecionar", ou seja, de utilizar sua experiência para fins de aprendizagem, de entender sua própria preparação para aprender e de organizar a sua aprendizagem em torno de problemas da vida real. O problema, afirma Knowles, é que a cultura escolar não estimula o desenvolvimento de habilidades de aprendizagem autodirecionada, essa necessidade de aprender autonomamente aumenta gradativamente com a idade do sujeito. Assim, o resultado é um afastamento cada vez maior entre a prática de ensino e as necessidades de aprendizagem do aluno, o que acaba criando um entendimento de senso comum, falso e errado, de que a criança e o jovem têm mais propensão para aprender sozinhos. Com isso em mente, entendemos que a surpresa do professor frente à falta de interesse dos alunos para os conteúdos que a rede apresenta e os conhecimentos que a Internet poderia providenciar é fruto desse equívoco social, de perceber o aluno como autodidata.

A partir dessas reflexões, acreditamos que o conceito de "nativos digitais", em sua significação restrita de "sujeitos que manuseiam facilmente as tecnologias", não dá conta de explicar todas as dimensões mencionadas, apesar de ser utilizado como sinônimo de "jovens letrados digitalmente" por pais e professores.

Precisamos olhar para além da habilidade técnica dos jovens com o uso de tecnologias, que é um fato inegável apesar de também limitado a poucas opções, para encontrar e reconhecer a grande necessidade que eles mostram de desenvolver outros letramentos em forma múltipla. Habilidades que podem ser buscadas, trabalhadas e construídas somente a partir da mediação pedagógica (não técnica) do professor. Ao mesmo tempo, precisamos reconhecer que o autodidatismo não é prerrogativa de crianças e jovens, apesar do seu interesse pelas TIC. E que, portanto, a mediação pedagógica do professor se faz ainda mais necessária e indispensável para propiciar um acesso significativo ao conteúdo on-line.

Mito da tecnologia como agente motivador das novas gerações

No geral, é comum percebermos nas pesquisas que realizamos nas escolas que os alunos estão mais acostumados a ouvir a aula do que a participar com perguntas. Menos ainda, são responsabilizados pela explicação de um conteúdo aos outros.

Quando pensamos na diferença entre organização escolar e novidade relacional das TIC, duas questões complementares são ressaltadas: a pouca participação, ou interesse, dos alunos e o fosso entre as práticas formais e informais. Esse "vazio" é considerado por Scolari (2018, p. 84) como "dissonância digital". Tal desarmonia é percebida quando se compara o modo como crianças e jovens mobilizam suas habilidades e conhecimentos em ambientes midiáticos e, portanto, para além do ambiente escolar. A diferença está, sobretudo, na flexibilidade e aproximação com os interesses dos alunos que o entorno digital proporciona, em contraposição ao controle e à artificialidade com que são apresentadas as situações didáticas na escola. Essa constatação abarca uma questão fundamental para as pesquisas voltadas à educação contemporânea: como as crianças e jovens aprendem fora da escola? Com ela, está o interesse em conhecer não só como as pessoas acessam, selecionam e avaliam as informações, mas como elas colaboram com a criação de novos conteúdos (Scolari, 2018).

Algumas pesquisas que desenvolvemos na última década apontam que a participação dos alunos, ou a falta dela, evidencia mais a necessidade de reestruturação das relações comunicativas entre professores, alunos e ambiente, do que das estruturas físicas da escola em si. Em recente investigação de cunho qualitativo realizada em oito escolas da rede municipal do Rio de Janeiro, a maioria dos professores entrevistados sobre o uso de tecnologias em sala de aula afirmou que o objetivo primário desse uso é a motivação dos alunos através da aumentada atratividade de suas aulas (Pischetola, 2018a; Pischetola e Daluz, 2018). Com base nos resultados obtidos, percebe-se que a visão da tecnologia como elemento motivador/facilitador na sala de aula pode configurar a outra face da moeda da insegurança do professor frente às mudanças do mundo atual e à inadequação de práticas pedagógicas, em competição constante com as tecnologias, aclamadas como mais "chamativas" e interessantes.

De fato, o que mais observamos é que as TIC permeiam o ambiente escolar, mas as metodologias didáticas não se modificam, e nem os resultados da aprendizagem. A mesma pesquisa também destacou que o estilo de ensino do professor é, na maioria dos casos, um estilo controlador, que pouco incentiva a autonomia do aluno e que visa sobretudo a obter respostas predefinidas a perguntas fechadas (Pischetola e Heinsfeld, 2017). As tecnologias não são utilizadas por possibilitarem atividades diferentes, voltadas para a colaboração e a busca de caminhos personalizados de aprendizagem. A simples presença desses recursos em sala seria, segundo os professores, a fonte de motivação e interesse para um aluno distraído, indisciplinado e desmotivado *a priori*.

Certamente, a escola é um espaço de diálogo entre as diferentes gerações e é extremamente válida a preocupação de o professor – independentemente de sua idade – se aproximar da realidade dos estudantes. Porém, nosso entendimento é de que a tecnologia em sala de aula não pode ser encarada somente como uma ferramenta de suporte para o professor ou de motivação para os alunos. Seu uso é fundamental para a inserção de sujeitos jovens e adultos na cultura digital, na apreensão de códigos e linguagens diferentes, bem como na experimentação de novas formas de acesso à informação e de criação a partir de conteúdos e possibilidades impensáveis há poucos anos.

As iniciativas que o professor tem de trabalhar de forma criativa com seus alunos são sempre fruto de intuição e quase nunca encontramos em nosso campo empírico um planejamento que incluísse atividades inovadoras e experimentais com as TIC (Naumann, 2016). Assim, percebemos também que a formação do professor deveria abranger um uso das tecnologias digitais que vise promover uma elaboração criativa dos materiais à disposição em rede. Em direção à desmistificação das tecnologias como solução para todas as crises que a escola vivencia.

Mito da colaboração pela colaboração

Com a interatividade possibilitada pelas ferramentas da web 2.0, a colaboração se tornou um "ingrediente" central para a proliferação das chamadas culturas colaborativas. Segundo Scolari (2018), o conjunto de habilidades e conhecimentos mobilizados em situações nas quais duas ou mais pessoas resolvem problemas juntas está, hoje, intimamente relacionado com a participação nas redes sociais. Nesse ambiente, é comum considerar que os participantes estão dispostos a produzir de forma colaborativa; ajudar uns aos outros na criação de novos conteúdos; realizar uma curadoria de informações e ferramentas que sejam úteis a determinado grupo ou que auxiliem outras pessoas a operar equipamentos, entre outras ações que valorizam o trabalho em equipe. Mas como ocorre essa participação? O que a mobiliza? Ou ainda, o que nos motiva a participar e colaborar com os outros? Antes de celebrar a colaboração e suas possibilidades, é preciso compreender que o que torna as mídias espaços sociais, ou melhor, ambientes de sociabilidades, são as diversas formas de conexão e/ou conectividade. Isto é, não há apenas uma maneira de colaborar, mas práticas que dependem de outras práticas e possibilitam todo um conjunto delas.

Para além das visões superficiais de colaboração on-line, acreditamos que existe um potencial ínsito nas TIC e nos ambientes virtuais, para o desenvolvimento de práticas colaborativas. É o potencial dos Wiki, dos aplicativos Google de compartilhamento de textos, dos tutoriais on-line divulgados pela Internet, dos milhares de canais de videoaulas que se encontram no Youtube. Os espaços on-line, as plataformas e os aplicativos criados a partir do movimento de Software Livre e da cultura *maker* são extremamente ricos de possibilidades para o usuário de tecnologia. Porém, nos perguntamos se essas são práticas da maioria dos jovens. E investigando sobre o assunto, reconhecemos novamente no discurso da colaboração possibilitada pelas TIC um mito que precisa ser desvendado.

Em pesquisa publicada em 2016, mostramos como os movimentos de protesto que surgiram no Brasil em 2013 foram liderados por sujeitos que possuíam um nível socioeconômico alto e pós-graduação completa. Esses eram os indivíduos que conseguiam mobilizar uma grande proporção de pessoas, de camadas sociais diferenciadas, pelas páginas do Twitter e do Facebook, por serem reconhecidos como "autoridades" em seu lugar de fala (Pischetola, 2016).

Por outro lado, em estudo publicado em coautoria com Andrade no mesmo ano, ficou evidente como uma autoridade política reconhecida era capaz de fomentar o discurso de ódio pelas redes sociais, caracterizado por uma prevalência de comentários breves e ataques diretos à opinião do outro, sem argumentação nenhuma para a posição defendida (Andrade e Pischetola, 2016).

É importante destacarmos e valorizarmos a potência que existe nas plataformas on-line, para mobilizar opiniões e comportamentos de forma colaborativa. A onda de protestos, que começou com *Occupy Wall Street* em 2011 e culminou no Brasil com as jornadas de junho de 2013, e, mais recentemente, com as eleições no país, mostra a potencialidade que a Internet tem com sua "ação conectiva", para além de sua "ação coletiva" (Bennett e Segerberger, 2013), para o bem e para o mal. Trata-se de novas formas de comunicação que possibilitam um novo fazer político, uma ruptura de hierarquias, uma valorização da criatividade. Porém,

> A participação não passa apenas pelo acesso às tecnologias e à Internet, mas, especialmente, pela expansão do acesso a essas mídias através do desenvolvimento de habilidades, da criticidade dos conteúdos e da construção de valores éticos (Naumann, 2016, p. 29).

Acreditamos que esse desenvolvimento do sujeito depende de uma ação pedagógica consciente, de pais e educadores que entendem as tecnologias como parte estruturante da nossa cultura contemporânea.

Metodologias ativas: simplificando a complexidade[4]

Como vimos, o discurso atual no campo da educação atribui às tecnologias digitais o poder de inovação das práticas pedagógicas e, portanto, também de solução (ao menos potencial) da crise escolar. Por serem essas ferramentas mais próximas das linguagens dos jovens e tornarem as aulas mais atrativas, elas são um dos focos principais de todas as inovações didáticas apresentadas na literatura nacional e internacional sobre o assunto. O discurso da inovação atrelada às TIC fortaleceu-se com o advento dos métodos ativos e com o modismo que se instaurou no campo da educação em falar de "aprendizagem ativa". Como já explicitamos no começo do capítulo, acreditamos que esse modismo das metodologias ativas está relacionado com o vazio deixado pela falta de dimensão técnica na didática e pelo distanciamento da teoria e da prática nas pesquisas em educação. Mas aqui questionamos: existe outro tipo de aprendizagem, que não seja ativa?

A partir de 1960 consolida-se uma corrente de estudos de psicologia cognitiva, que valoriza a autonomia do aluno, sua autodeterminação na construção de conhecimento e a consequente necessidade de se reavaliar e rever as práticas pedagógicas tradicionais, para ir ao encontro dos diferentes estilos de aprendizagem. Segundo esses estudos, a aprendizagem é um processo de investigação mental e não a recepção passiva de conteúdos transmitidos unilateralmente. Por consequência, a sala de aula deveria ser um lugar de descoberta individual, em que o professor guia, media e facilita o processo de aprendizagem, mas a responsabilidade desse processo fica com o aluno.

As metodologias ativas nascem nesse período no âmbito da Harvard Business School, nos Estados Unidos, que envolvia pequenos grupos discutindo casos práticos, e da escola de medicina de McMaster em Ontário, no Canadá. Em paralelo, a Universidade de Maastricht, na Holanda, vinha discutindo formas de ensino e aprendizagem alternativas à aula tradicional e o mesmo ocorria em Newcastle, na Austrália.

---

4 Algumas partes desta seção foram adaptadas do artigo publicado pelas autoras "Metodologias ativas: uma solução simples para um problema complexo?", *Revista Educação e Cultura Contemporânea*, v. 16, nº 43, p. 30-56, 2019.

A partir dos anos 1970, a literatura estadunidense da área de medicina concentra-se cada vez com mais frequência em "aprendizagem ativa" e nas metodologias didáticas que a propiciam. Essas seriam uma alternativa ao método de ensino tradicional, identificado com a aula expositiva, que incarna o modelo de transmissão de conhecimentos, no qual o conteúdo é apresentado de forma definitiva e os alunos são privados da habilidade de construir o saber. No Brasil, as propostas de metodologias ativas são implantadas nos anos 1990, inicialmente pelas Faculdades de Medicina e Escolas de Saúde Pública e, depois em outras áreas, como administração, engenharia, design e pedagogia.

Há uma grande variedade de metodologias ativas. Entre as mais conhecidas atualmente no Brasil, citamos: (1) aprendizagem baseada em problemas; (2) metodologia de projeto; (3) estudo de caso; (4) *role-play*; (5) aula invertida; (6) *design thinking*; (7) ensino híbrido. Apresentamos muito brevemente cada uma delas, para analisarmos em seguida seus aspectos em comum.

(1) Aprendizagem Baseada em Problemas (ABP)

A dinâmica de Aprendizagem Baseada em Problemas (ABP) prevê uma atitude ativa do aluno, que precisa pensar criticamente sobre um problema dado e tentar encontrar soluções. Pode ser resumida em três etapas: problematização do tema em foco; desenvolvimento de estratégias para buscar respostas através do compartilhamento de ideias; síntese, momento em que as convicções iniciais são superadas em prol de outras mais complexas.

(2) Metodologia de projeto

Oriunda da área da administração e negócios, a metodologia segue a estrutura básica de criação de projetos: identificação da necessidade/oportunidade; levantamento de informações; geração de ideias; seleção de ideias; desenvolvimento do conceito. É utilizada como uma ferramenta útil para a contextualização prática do conhecimento teórico. Além disso, é uma metodologia que ganha destaque em educação pela atividade estratégica de trabalho em equipe, que fomenta a criatividade na resolução de problemas.

(3) Estudo de caso

A metodologia de estudo de caso é utilizada na área da economia e administração desde os anos 1990, se estendendo mais recentemente às outras áreas disciplinares. O objetivo de tal uso é providenciar uma relação entre a teoria e a prática: o aprendiz, individualmente ou em grupo, explora todas as características de uma situação específica e explora suas possíveis soluções. Dessa forma, o estudante aprende a fazer conexões entre os conteúdos analisados em sala de aula e os acontecimentos do dia a dia. Existem vários tipos de estudos de caso – descritivo, ilustrativo, experimental, exploratório, explicativo – mas muitas vezes as fronteiras entre eles são pouco definidas (Scapens, 1990).

(4) Role-play

Ajudar os alunos a compreender o comportamento humano é um dos problemas mais comuns enfrentados pelos professores e formadores. Com esse foco, cada vez mais estão sendo utilizados métodos experienciais para dar aos indivíduos a prática de lidar com problemas da vida real. O aluno está mais envolvido no estudo porque os seus sentidos são estimulados, para além do pensamento racional. Esses métodos podem ser agrupados pelo termo geral de *role-play* consistindo em uma dramatização de uma situação específica, com elementos de atuação e improvisação. Em algumas dinâmicas que envolvem *role-play*, é prevista a observação dos comportamentos da turma, operada por alguns alunos selecionados anteriormente.

(5) Aula invertida

A aula invertida, ou em inglês *flipped classroom*, consiste em uma inversão de momentos, com respeito à didática tradicional da aula expositiva. A turma prepara um texto ou conteúdo antes da aula e o que seria feito pela turma como "dever de casa" é realizado em sala de aula. Nesse formato, a preparação do aluno para a aula pressupõe autonomia no estudo individual e a didática do professor pode apresentar dinâmicas mais interativas, devido ao conhecimento prévio que os alunos têm sobre o assunto e podendo ir além da explicação de conteúdos em direção, por exemplo, a esclarecimento de dúvidas sobre o assunto, à superação das dificuldades de cada aluno com respeito a um tópico específico, ao desenvolvimento e formação de pensamento crítico.

(6) Design thinking

A metodologia foi criada no âmbito empresarial com o objetivo de "gerar inovação" através do estímulo da criatividade em grupo. O pensamento do designer é muito próximo à ideação de projetos, com a meta de implementar a melhor opção entre as que são identificadas ao longo do processo. Segundo Liedtka (2018), o que torna o *design thinking* uma tecnologia social é sua capacidade de neutralizar os preconceitos dos sujeitos de mudar a maneira como eles se envolvem no processo de inovação. Em educação, a metodologia está fundamentada nas três ações Pense-Pareie-Compartilhe (Brown, 2010): o professor faz uma pergunta, coloca o problema ou desafio e pede para que os estudantes reflitam sobre a questão, primeiramente, de forma individual, para em seguida discutir com o colega ao lado e, então, compartilhar com o resto da turma a resposta encontrada. Acreditamos que a importância da escolha das perguntas iniciais do processo de *design thinking* é crucial para a definição de um problema relevante para os estudantes, explicativo do tema tratado e capaz de gerar novas ideias para a sua resolução.

(7) Ensino híbrido

As metodologias ativas estão cada vez mais atreladas ao uso de tecnologias. Para tal, introduziu-se recentemente o conceito de ensino híbrido (*blended learning*), que alguns inscrevem na lista das metodologias ativas, mas que, de fato, é uma modalidade transversal a todas elas, tratando-se da possibilidade de desenvolver uma parte da didática com o uso de TIC, tornando semipresenciais os cursos presenciais. A ideia que fundamenta o ensino híbrido é que as TIC suportam o aprendizado do aluno, sua elaboração e absorção de conteúdos de forma autônoma. A inovação do ensino híbrido é considerada "disruptiva" (Christensen et al., 2008), pois apresenta elementos de ruptura com o formato tradicional da sala de aula e utiliza-se da mobilidade das TIC para dinamizar as aulas.

Poderíamos citar muitas outras metodologias para além das apresentadas: os jogos presenciais e virtuais; as oficinas de criatividade; o uso de ferramentas como *brainstorming*, *brainwriting*, mapa de empatia, persona, mapa mental etc. De fato, todas as propostas pedagógicas que incluem compartilhamento de informação, trabalho em grupos, proatividade e comprometimento dos alunos, elaboração pessoal, escrita, formulação de perguntas, discussão crítica, desenvolvimento do raciocínio, desenvolvimento de capacidades para intervenção na realidade caberiam no elenco das propostas de metodologias ativas. Portanto, precisamos reconhecer que a presença dessas metodologias em educação é muito mais ampla do que imaginamos. Porém, a proposta da inserção de metodologias ativas para atualização do sistema educacional é muito atual. Quais as motivações para esse modismo?

Algumas considerações sobre as metodologias ativas

A primeira justificativa para o uso dessas metodologias na educação contemporânea fundamenta-se na ideia de que os jovens, por fazerem parte de uma "geração Y" (entre outras nomenclaturas) de empreendedores, inquietos e criativos, não teriam a disposição de assistir às aulas expositivas e nem aprenderiam mais com esse método de ensino tradicional. Essas estratégias didáticas são pensadas, portanto, como soluções para o tédio da sala de aula.

Como vimos, a crença de que os nativos digitais têm *habilidades* diferenciadas de aprendizado pelas TIC é muito difundida. Apesar de termos desmistificado esse discurso geracional, acreditamos que é preciso reconhecer algumas *necessidades* das novas gerações, como a de diversificar as fontes do aprendizado e os caminhos metodológicos. Como afirmamos com Bannell et al. (2016), é inegável que a escola reduz a diversidade e a riqueza de estímulos do ambiente simbólico e cultural do jovem a uma única interpretação histórica e social. Dessa forma, a autonomia crítica do aluno é atravancada, assim como seu desenvolvimento como autor e criador de conhecimento. Concordamos com Magda Soares (2002), quando afirma que a flexibilidade apresentada pelos hipertextos digitais é uma potencialidade muito rica para o letramento das novas gerações.

A segunda justificativa para o modismo das metodologias ativas é o caráter inovador que elas incarnam. Contudo, precisamos definir o conceito de inovação pedagógica, diferenciando-o de "ineditismo". A literatura talvez se esqueça de que essas estratégias têm sua base em filósofos, educadores e psicólogos afirmados e reconhecidos já no século XX, primariamente John Dewey, que teorizou a aprendizagem pela descoberta, e Jérome Bruner, cujo foco era a motivação do aluno para aprender. Aliás, podemos apontar como o pioneiro das metodologias ativas o educador francês Célestin Freinet.

De acordo com Dewey (1959, p. 153), "a medida do valor de uma experiência reside na percepção das relações ou continuidades a que nos conduz". A aquisição do conhecimento inicia-se por um problema, gera uma reflexão que levanta questionamentos e impulsiona assim uma pesquisa, cujo fruto final é encontrar uma resposta, ao menos parcial, aos quesitos iniciais. O filósofo entendia a teoria em simbiose com a prática e reconhecia a atividade reflexiva e intelectiva do homem como um processo prazeroso de descoberta. Não seria essa a base das metodologias ativas mais inovadoras? Não residem no pensamento de Dewey os princípios do *design thinking*?

Segundo o psicólogo estadunidense Jérome Bruner (1961), a participação ativa no processo de aprendizagem pela criança resulta em vários benefícios: um aumento na potência intelectual do sujeito, de modo a tornar as informações adquiridas mais prontamente viáveis na resolução de problemas, o incentivo para a motivação intrínseca, o prazer de aprender pela descoberta em si (em contraste com o modelo de redução da aprendizagem), um aumento nas faculdades da memória. Conforme o autor, o objetivo da educação não é somente a aquisição de conhecimento, mas também a melhoria dos processos de pensamento. A descoberta ínsita na resolução de problemas não seria, portanto, um método de ensino e aprendizagem pensado e organizado para *conhecer* o mundo e, sim, para *aprender a conhecer* o mundo (Bruner, 1981). Novamente, reconhecemos – na contribuição de Bruner para a educação – o pontapé para algumas das metodologias ativas acima apresentadas, como por exemplo a Aprendizagem Baseada em Problemas, a Metodologia de projeto e o Estudo de caso.

Cabe destacar também que a metodologia ativa foi amplamente explorada já no começo do século XX pelo pedagogo francês Célestin Freinet, que propunha que as atividades da sala de aula seguissem o princípio do *tatônnement*, ou seja, um aprendizado que é fruto de tentativas e erros. Freinet se inscreve entre os educadores identificados com a corrente da Escola Nova, com uma visão marxista da educação como motor de emancipação. Apesar de não ter criado uma teoria propriamente científica, o educador elaborou técnicas de ensino reconhecidas no campo da educação e utilizadas na atualidade, cujo fundamento está na livre expressão dos alunos e na atividade cooperativa como elementos centrais da ação e do desenvolvimento individual e coletivo. A aula-passeio, o livro da vida, a imprensa na escola, a correspondência entre escolas são algumas das iniciativas mais célebres e bem-sucedidas.

Em última análise, a perspectiva da metodologia ativa resgata o prazer da descoberta e o processo ativo de construção do conhecimento em torno de problemas reais. Parece-nos que se tornou ainda mais interessante no mundo atual, caracterizado por uma extrema competitividade profissional, o uso das metodologias ativas nos cursos de ensino superior, que está voltado para a preparação aos problemas relacionados com as futuras profissões. Também, a metodologia ativa está plenamente em linha com o objetivo pedagógico de "aprender a aprender", um dos pilares da educação para o século XXI (Délors, 1996), sendo seu fundamento a motivação para a pesquisa e o desenvolvimento da autonomia individual.

É evidente como as tecnologias digitais potencializam e reafirmam o valor inovador dessas estratégias, representando a plataforma ideal para o seu desenvolvimento. Com as possibilidades oferecidas pela Internet, componentes como "pesquisa", "colaboração" e "autodidatismo" tornam-se soluções palpáveis e imediatas, soluções simples ao problema complexo da crise dos formatos da educação. Aliás, podemos dizer que é na desconsideração da complexidade que está a principal diferença entre as propostas didáticas do início do século XX e as apresentadas hoje como novidade.

Apesar de constituírem propostas interessantes para a educação, acreditamos que as metodologias ativas, assim como o uso de tecnologias em educação, não podem ser consideradas o centro das transformações, esvaziando um percurso histórico e social do problema. Afirma o pensador francês Edgar Morin (2011, p. 5) que a complexidade é uma "palavra-problema" e não uma "palavra-solução". Seguindo essa afirmação, precisamos reconhecer que não podemos tornar a complexidade da didática e da crise da escola algo que se defina (e se resolva) de modo simples, ocupando, como diz Morin, o "lugar da simplicidade".

A ambição do pensamento simples, continua o autor, é a de dominar e controlar a realidade, ao invés de lidar, dialogar e negociar com a realidade. As afirmações de Morin ecoam o pensamento de Gaston Bachelard (1985, p. 130), segundo o qual:

> Na realidade, não há fenômenos simples; o fenômeno é um tecido de relações. Não há natureza simples, nem substância simples; a substância é uma contextura de atributos. Não há ideia simples, porque uma ideia simples [...] deve ser inserida, para ser compreendida, num sistema complexo de pensamentos e experiências. A aplicação é complicação. As ideias simples são hipóteses de trabalho, conceitos de trabalho, que deverão ser revisadas para receber seu justo papel epistemológico. As ideias simples não são a base definitiva do conhecimento; aparecerão por conseguinte com

um outro aspecto quando forem dispostas numa perspectiva de simplificação a partir das ideias completas.

À diferença do pensamento simples, o pensamento complexo "é animado por uma tensão permanente entre a aspiração a um saber não fragmentado, não compartimentado, não redutor, e o reconhecimento do inacabado e da incompletude de qualquer conhecimento" (Morin, 2011, p. 7). Isso não significa, alerta Morin, que o pensamento complexo recuse a clareza, a ordem e as relações de causa-efeito, mas considera esses elementos insuficientes, pois não se podem programar o conhecimento, a descoberta e nem, inclusive, a ação. Aplicado ao planejamento didático, é necessário ter uma estratégia, uma sequência programada, para que o aleatório não intervenha, mas precisamos pensar nas ações implementadas como um mero ponto de partida, para que a ação do ensinar e do aprender seja rica e significativa, tanto para os alunos quanto para o professor.

Provocativamente, atribuímos aqui o pensamento simples (e simplificador) às propostas das metodologias ativas, quando descontextualizadas e tomadas como meras técnicas para serem aplicadas a toda e qualquer situação didática. Processo parecido com a afirmação de uma inovação pedagógica dependente da mera introdução de TIC na educação (Pischetola, 2018a). No próximo capítulo, explicaremos mais detalhadamente as crenças que partilham desse equívoco, profundamente relacionadas à visão de mundo, de conhecimento, de escola e de tecnologias que sustentam o modelo de educação escolar agora em crise.

Entre centro e conexão: antigos e novos equívocos

2

Ao longo do capítulo anterior abordamos diversos mitos que formam um substrato fértil para a defesa do papel crucial das tecnologias para a mudança da escola. Com certeza, a presença de novos meios modifica as relações entre aluno e aluno, entre professor e aluno, entre aluno e conhecimento. Mas, como vimos, o modelo de instituição escolar ainda vigente está em crise há mais de um século e as TIC somente evidenciaram a crise existente, sem necessariamente ser sua causa principal e, infelizmente, nem a sua resolução.

As tecnologias e o paradigma emergente

Existe, hoje, quem afirme que a escola se encontra no limiar de uma fundamental transformação paradigmática, incentivada pela crise de seu modelo organizacional, didático e epistemológico e que esse processo estaria fundamentalmente atrelado ao advento das Tecnologias da Informação e da Comunicação (TIC) na nossa sociedade.

Na literatura científica, encontramos duas linhas de raciocínio. Para alguns autores, o paradigma emergente já é uma realidade. Um novo olhar para a educação que é derivado das possibilidades que as

TIC apresentam como colaboração e compartilhamento a distância, acesso a informações, livre publicação e divulgação de conteúdos, contração das dimensões de espaço e tempo, entre outras. Para outros, a mudança de paradigma em educação está, inevitavelmente, prestes a acontecer. E o educador que não for capaz ou não quiser se adaptar à sociedade digitalizada, não terá mais diálogo com as novas gerações e suas formas diferentes de conhecer.

Apesar de concordarmos com a necessidade de as práticas pedagógicas serem atualizadas ao mundo da cultura digital, defendemos que a ocorrência de uma mudança de paradigma não se dará pela mera presença de tecnologias digitais na escola, como não se deu nos últimos trinta anos. O que seria, em suma, esse paradigma emergente que as tecnologias trazem para a educação? Para entender a possibilidade de uma transformação verdadeira e profunda na escola, precisamos primeiramente compreender o que se sabe por "paradigma".

O que é um paradigma?

Devemos ao físico e filósofo da ciência estadunidense Thomas Kuhn (1922–1996) a teorização de como acontecem historicamente as revoluções científicas. O autor cria o termo "ciência normal" para descrever as atividades ordinárias e cotidianas, em que os cientistas empregam quase todo seu tempo quando seu campo disciplinar não está em fase de mudança revolucionária, o que acontece muito raramente.

> Se a ciência é a reunião de fatos, teorias e métodos reunidos nos textos atuais, então os cientistas são homens que, com ou sem sucesso, empenharam-se em contribuir com um ou outro elemento para essa constelação específica. O desenvolvimento torna-se o processo gradativo através do qual esses itens foram adicionados, isoladamente ou em combinação, ao estoque sempre crescente que constitui o conhecimento e a técnica científicos (Kuhn, 1998, p. 20).

A ciência normal, portanto, está fundamentada no pressuposto de que "a comunidade científica sabe como é o mundo" (Kuhn, 1998, p. 24) e investe no esforço de defender essa visão. Central na explicação de Kuhn sobre ciência normal é a noção de *paradigma*. Esse consiste em dois elementos principais: (1) um conjunto de hipóteses teóricas fundamentais que todos os membros de uma comunidade científica aceitam em um dado momento histórico; (2) um conjunto de problemas cujas resoluções se tornaram exemplares em um determinado campo científico e que, portanto, aparecem nos manuais para os novos adeptos. Um paradigma, porém, é mais de uma teoria. No sentido usado por Kuhn (1998, p. 43), um paradigma é "um modelo ou padrão aceito".

Quando os cientistas compartilham um determinado paradigma, eles não somente se encontram de acordo com seus pressupostos, mas assentem também sobre a forma como a futura pesquisa científica deveria prosseguir no seu campo de estudo, quais são os problemas mais relevantes a serem enfrentados, denominados por Kuhn "quebra-cabeças", quais os métodos apropriados para resolvê-los, qual a melhor apresentação para uma solução aceitável dos problemas etc. Em síntese, um paradigma resume uma perspectiva científica em sua totalidade e, como tal, é aceito incondicionalmente pelos cientistas normais.

Ora, acontece também que, não obstante esforços repetidos, um problema científico não encontra solução e gera uma anomalia que desorienta a ciência normal. Quando os cientistas não podem mais ignorar as anomalias, começam algumas investigações extraordinárias, que gradativamente conduzem à desintegração da tradição científica consolidada. Isto é o que Kuhn chama de *revolução científica*: um evento que força a comunidade científica a rejeitar o paradigma anteriormente aceito, em favor de uma mudança nas regras, nas teorias, nos métodos e nos instrumentos que governavam a prática anterior. "A consciência da anomalia inaugura um período no qual as categorias conceituais são adaptadas até que o que inicialmente era considerado anômalo se converta no previsto. Nesse momento completa-se a descoberta" (Kuhn, 1998, p. 91).

É evidente que há, por parte dos cientistas, uma resistência considerável a esse tipo de mudanças. Geralmente, explica o autor, antes de uma revolução científica, registra-se uma crise do paradigma dominante, crise que vai paulatinamente desconstruindo as bases da perspectiva científica reconhecida e instilando dúvidas crescentes nos cientistas. A cada fracasso na atividade normal de resolução de problemas, ao se concentrar nas anomalias, a crise faz proliferar novas descobertas. Dessa forma, uma perspectiva científica,

> após ter atingido o status de paradigma, somente é considerada inválida quando existe uma alternativa disponível para substituí-la. [...] Decidir rejeitar um paradigma é sempre decidir simultaneamente aceitar outro e o juízo que conduz a essa decisão envolve a comparação de ambos os paradigmas com a natureza, *bem como* sua comparação mútua (Kuhn, 1998, p. 108).

Muitas vezes, conclui o autor, um embrião de novo paradigma emerge antes que uma crise tenha sido reconhecida pela comunidade científica. De acordo com Kuhn, as revoluções científicas apresentam características semelhantes: (1) a destruição de um paradigma gera um conflito entre escolas rivais de pensamento científico, que discutem entre elas com base em pressupostos e linguagens diferentes; (2) a adesão ao novo paradigma acontece mais com os jovens ou novatos do campo, ainda isentos ou pouco influenciados pelo "treino pedagógico" que a comunidade científica opera na perspectiva da manutenção de um paradigma; (3) as revoluções terminam com a vitória definitiva de um dos campos rivais.

Em um exercício de transposição da definição de mudança de paradigma para a situação da educação do momento atual e pensando em considerar as tecnologias como elemento disruptor, nos perguntamos: (1) as TIC geram novas formas de entender o conhecimento escolar?; (2) poderíamos considerar os jovens professores "pioneiros" da inovação pedagógica como mensageiros de uma quebra de paradigma?; (3) qual seria a vitória definitiva no caso da presença das TIC na escola e qual o campo rival a ser desafiado?

Para tentar responder a essas perguntas precisamos primeiramente analisar o novo paradigma científico emergente.

Do mundo objetivo ao mundo situado

Um novo paradigma está nascendo no mundo científico, com a crise do conhecimento cartesiano/newtoniano. É esse o paradigma da complexidade, que inclui conceitos como o pensamento sistêmico e o pensamento ecológico. Não foi certamente um paradigma propulsionado pelas TIC e, segundo vários autores, está sendo ainda pouco valorizado no âmbito das ciências humanas, principalmente, no campo da educação. Porém, suas consequências aparecem mais evidentes com a crise da educação do último século.

Para entendermos em que termos a complexidade constitui um novo paradigma, precisamos dar um passo para trás e examinar como se deu na história, primeiramente, a criação daquilo que o pensador francês Edgar Morin (2011) chama de *paradigma de simplificação*, ou seja, a fundação do método científico da ciência clássica.

Desde sua constituição como paradigma, aponta Morin (2007), a ciência moderna recusou a complexidade através de alguns princípios fundamentais: a possibilidade de prever os acontecimentos futuros com base no conhecimento passado; o princípio de redução, que consiste em desmembrar o conhecimento em elementos primeiros que o compõem; e o princípio de disjunção de disciplinas em âmbitos de saberes separados. A obra do filósofo francês René Descartes (1595-1650) foi a pedra angular do paradigma da ciência moderna, com a formulação de pressupostos que ainda se fazem muito presentes na educação contemporânea.

Mas como esses princípios se aplicam ao campo da educação?

Em primeiro lugar, na instituição escolar moderna, há uma *separação dos campos do conhecimento científico* e, em particular, o isolamento radical entre física, biologia e ciência do homem. Esse pressuposto está evidente ainda hoje, tanto na base da especialização e hiperespecialização disciplinar da pesquisa acadêmica, como na educação escolar do mundo inteiro.

Em segundo lugar, Descartes sustenta *a separação entre sujeito pensante e objeto observado* e elabora uma filosofia mecanicista, segundo a qual o mundo físico consiste em partículas inertes de matéria, que interagem entre elas e cujo movimento pode explicar todos os fenômenos observáveis. A partir de ideias parceladas e de seu simples encadeamento, é possível conhecer e desvendar o mundo complexo. A metáfora da máquina substitui a metáfora de universo orgânico, vivo e espiritual da Idade Média e a razão é escolhida como fundamento de um método de conhecimento científico da realidade.

Em sua visão, podemos indicar como existente somente algo que conseguimos pensar em ideias "claras e distintas". A *concepção matemática* prevalece sobre a concepção ontológica da natureza, em um processo de "matematização da experiência" (Bachelard, 1985, p. 124): as noções de base sobre o mundo devem ser apreendidas em suas relações da mesma forma que os objetos matemáticos recebem sua definição em um postulado. Nesta perspectiva, *a incerteza representa um obstáculo* à análise absoluta e a experiência espiritual do sujeito não é considerada como uma possibilidade para penetrar no interior da natureza e para explicá-la com base em nosso próprio interior (Cassirer, 2015).

Segundo alguns autores – Morin (2011), Piaget (1973), Capra (1997) e Rey (2013), entre outros – a separação dos domínios da filosofia e da ciência tem consequências nocivas, ou mesmo catastróficas, para ambos os campos: a filosofia sendo privada da competência técnica necessária para falar das condições do saber e a ciência sendo mutilada de sua capacidade crítica. Separa-se o *saber* propriamente dito da *ação reflexiva*. Diferenciam-se também os métodos dos dois campos: o filósofo aborda um conjunto de questões preliminares, enquanto o homem de ciência delimita seu problema de estudo e procura sistematicamente os fatos essenciais para sua verificação.

A ciência, afirma Rey (2013), deixa de se interessar pelo sentido das coisas, pois somente concebe modelos e informa resultados, dentro de uma construção em que a linguagem é mera denotação de fatos. Não é por acaso, diz o autor, que os primeiros cientistas modernos eram filósofos, pois eles foram obrigados a definir uma nova atitude intelectual e uma nova forma de ver o mundo. As gerações de cientistas que seguiram até os dias de hoje tiveram cada vez menos contato com a filosofia, pois para fazer parte do sistema de construção do conhecimento científico não precisa pensar. A justificativa da atuação dos cientistas é o conhecimento em si, entendido como *verdade absoluta*, em um processo de objetivação baseada na razão e na neutralidade do método.

A (re)tomada da consciência ecológica e sistêmica

O progresso da ciência clássica continuou até o momento em que os limites se tornaram evidentes, no final do século XIX, com as duas primeiras brechas na física newtoniana: a descoberta da relatividade de Albert Einstein (1879-1955) e o advento da mecânica quântica com Max Planck (1858-1947). Em muito grande escala, a teoria da relatividade descobre que tempo e espaço, entidades até então absolutamente heterogêneas, estão relacionados. Essa descoberta quebra todos os nossos conceitos, anunciando uma revolução na nossa imagem de mundo, que modifica profundamente a noção de natureza e de conhecimento da natureza. Sua força em questionar os fundamentos da nossa visão de mundo a torna significativa para a filosofia, que assume assim um papel crítico, de questionamento dos conceitos basilares das ciências (Cassirer, 2015).

Por outro lado, a mecânica quântica e ondulatória deforma conceitos físicos consolidados, propondo novas abstrações e questionamentos. Com as novas descobertas, fica clara a inutilidade da análise de um objeto isolado, sendo que, microfisicamente, ele perde suas propriedades substanciais. Isto é, não existe matéria sólida, vez que os átomos se compõem de espaços vazios e a matéria se manifesta em termos de probabilidade. Ou seja, a natureza essencial da matéria não se encontra nos objetos, mas nas *interconexões* entre os objetos.

Às primeiras brechas, seguem outras. A descoberta da "energia negra" no universo sugere que este tende para uma dispersão generalizada. A ideia do acaso, introduzida pela biologia pós-darwiniana para explicar a criação de formas novas de vida, desestabiliza a ordem implacável da ciência e introduz novas incertezas. Assim como o universo enquanto organismo está continuamente em transformação, o mesmo acontece com o organismo humano, em um processo constante de desconstrução e construção (Lima e Rovai, 2015). No mundo subâtomico, das pequenas e elementares partículas, a enunciação do princípio de incerteza afeta os métodos de medição da ciência clássica. Desordem aparente, caos, imprevisibilidade atingem os dogmas da ciência clássica (Morin, 2007; 2011).

A partir de então torna-se possível falar do surgimento daquilo que, na perspectiva de Thomas Kuhn, seria o começo de um novo paradigma. Um novo sistema de pensamento que dê conta desses paradoxos, anomalias evidentes que se apresentam ao paradigma atual. Um novo espírito científico, chama-o o filósofo francês Gaston Bachelard, em que acontece uma inversão da perspectiva epistemológica, em que as ideias mais simples precisam ser *complicadas*. Um espírito que não se contenta com perceber a experiência presente, mas é capaz de pensar todas as possibilidades experimentais, mesmo que fictícias, encarando a realidade como "um caso particular do possível" (Bachelard, 1985, p. 55). Nessa psicologia do espírito científico está inscrita uma mobilidade de métodos e visões de mundo, pois é sempre enquanto método que a experiência é pensada.

> Quando se faz, a propósito de conceitos particulares, o balanço dos conhecimentos no sistema do século XIX e no sistema do século XX, deve-se concluir que estes conceitos se alargaram, precisando-se, e que não se pode tomá-los de hoje em diante como *simples* senão na medida em que se se contenta de *simplificações*. [...] No novo pensamento, o esforço de precisão não se faz mais no momento da aplicação; ele se faz na origem, ao nível dos princípios e dos conceitos (Bachelard, 1985, p. 48).

O pensamento objetivo de Descartes começa a resultar redutivo para explicar os fenômenos físicos, biológicos, matemáticos que se apresentam à ciência moderna. As novas descobertas questionam o mesmo conceito de verdade e abrem o caminho para a reconciliação entre a ciência e a filosofia. Desvendar os postulados implícitos na prática científica, compreender os erros do passado e reconhecer que as ciências coexistem com as ideologias tornam-se as novas possibilidades de um olhar filosófico (Bachelard, 1985; Feyerabend, 2010; Japiassu, 1979; Rey, 2013)[5].

A profunda revisão dos fundamentos da ciência reintroduz a subjetividade e a incerteza, elementos marcantes de um mundo constituído pela complexidade. A novidade desse pensamento não consiste no questionamento da objetividade em si, mas no resgate da subjetividade do cientista e da construção intersubjetiva do conhecimento. Nas palavras do físico austríaco Fritjof Capra (1997, p. 38): "o novo paradigma implica que a epistemologia – a compreensão do processo de conhecimento – precisa ser explicitamente incluída na descrição dos fenômenos naturais".

A superação da ruptura entre sujeito e objeto do conhecimento, que nos foi legada por Descartes, representa a possibilidade de assumirmos uma atitude de reflexão para nossa forma de estar e agir no mundo. A mudança de paradigma desloca o foco da atenção das partes para a tensão fundamental entre as partes e o todo.

> De acordo com a visão sistêmica, as propriedades essenciais de um organismo, ou sistema vivo, são propriedades do todo, que nenhuma das partes possui. Elas surgem das interações e das relações entre as partes. Essas propriedades são destruídas quando o sistema é dissecado, física ou teoricamente, em elementos isolados. Embora possamos discernir partes

---

5 Apesar de algumas dificuldades evidentes, afirma Rey (2013, p.33): "O modo de pensar veiculado pela ciência confundiu-se parcialmente com o mesmo pensamento. À causa da transformação tecnológica do mundo, para o cientista e também para o homem comum, pedaços inteiros de realidade sumiram aos poucos com o progresso das ciências matemáticas, mascaradas ou substituídas por construções teóricas. As metáforas esquecidas enquanto metáforas, transformadas em quadros do pensamento *a priori*, são extremamente difíceis de serem identificadas."

individuais em qualquer sistema, essas partes não são isoladas, e a natureza do todo é sempre diferente da mera soma de suas partes (Capra, 1997, p. 31).

A consciência ecológica e sistêmica reconhece a interdependência fundamental entre todos os fenômenos e a não separação entre seres humanos e ambiente natural. Sua essência está no questionamento radical das nossas visões de mundo, sendo que "a mudança de paradigmas requer uma expansão não apenas de nossas percepções e maneiras de pensar, mas também de nossos valores" (Capra, 1997, p. 18). Não podemos separar sujeito, objeto e o processo de observação. Ou seja, a percepção deixa de ser concebida como registro do mundo afora e torna-se o processo de constituição da realidade em si.

Mas por que essa (re)tomada de consciência da complexidade é relevante no nosso discurso sobre educação, didática e tecnologias? Quais consequências pertinentes esse pensamento pode gerar na sala de aula?

Implicações da consciência da complexidade para a educação

No cenário complexo contemporâneo, acreditamos que pensar a educação envolve dois desafios iniciais – seja no âmbito macro, enquanto um campo científico, ou no micro, da sala de aula. O primeiro está em buscar compreender o panorama atual como um *cenário ecológico* e *ecossistêmico* que inclui, de modo inseparável, sujeito e ambiente. Ou como propõe o antropólogo inglês Gregory Bateson (1977) "sujeito-ambiente", sendo o hífen o cordão umbilical que os conecta.

Intimamente ligado à didática, o segundo desafio está em formular estratégias de aproximação dos métodos com os sujeitos e o ambiente, capazes de acessar os significados produzidos por alunos que constroem e, a um só tempo, são constituídos pelo meio. Ou seja, crianças e jovens que são eminentemente *situados* social, cultural e corporalmente. Esses desafios não podem ser enfrentados, ou mesmo percebidos, sem a constituição de novas bases epistemológicas. É aí que reside a importância da retomada da consciência ecológica para a educação como um todo, e para a didática em particular.

Considerada como uma mudança de perspectiva, uma metáfora curiosa para compreendermos a consciência ecológica no interesse da didática, em sua relação com as tecnologias, pode ser a do magnetismo, ou melhor, sua força conjunta de atração e rejeição. Como um ímã, ao percebermos a didática como um "espaço" contextualizado e que facilita as relações entre os sujeitos – princípios do pensamento ecológico –, atraímos abordagens teórico-metodológicas que favorecem um entendimento mais integral dos acontecimentos. A partir daí, começaremos a ver e também a agir de forma a considerar todos os elementos envolvidos, ou seja, de modo sistêmico, flexível, mútuo.

Essa mesma propriedade de aproximar também é a responsável por nos distanciar, de modo irreversível, de conceitos e métodos que são engessados, descontextualizados e fechados em suas próprias convicções. Assim, a perspectiva ecológica busca por modelos de ensino e aprendizagem que são pautados na atuação direta do sujeito no/com o ambiente, e da influência deste nas nossas ações e tomadas de decisão. Ou seja, são modelos nos quais o sujeito é afetado e afeta diretamente o local onde se situa, construindo-o e construindo-se.

Caracterizado como uma interação, isto é, um processo marcado pela influência recíproca, os modelos didáticos que se pautam na perspectiva complexa buscam ultrapassar o individualismo. Com isso, se marcam pela cocriação coletiva que leva em consideração as características de um determinado contexto – seja para questionar os tipos de relações que ali se estabelecem, ou para reforçar e valorizar sua identidade. Esse aspecto revela as dimensões sociais e relacionais da construção do conhecimento e das competências presentes nessa perspectiva (Miranda e Pischetola, 2018).

Tomando esse entendimento como base, surgem questões essenciais que nos auxiliam a refletir sobre os modelos educacionais contemporâneos, principalmente aqueles ditos "tradicionais". Elas dizem respeito ao resgate do corpo na construção do conhecimento, à ação dos alunos como construtores da sua aprendizagem e à influência do contexto nessa criação. Se, no modelo tradicional, que separa o físico e o contextual do intelectual, o aluno deve estar sempre docilizado, passivo, adestrado e desconectado, na perspectiva ecológica e complexa o corpo, a aprendizagem e sua experiência estão ativos e são situados. Mas como se dá a construção do conhecimento nesse cenário de relações e interações que também são sensório-motoras? Como o corpo, por séculos ignorado no processo de construção de conhecimento, atua na aprendizagem?

Francisco Varela (1994), biólogo chileno que se dedicou a estudar os fenômenos da mente incorporada, considera a consciência ecológica como uma dinâmica que surge dos processos de interação entre corpo e ambiente. Essa é uma premissa fundamental para compreendermos que o mundo não existe independentemente de nós mesmos, bem como que *os alunos não operam no "vazio"*. Ou seja, não estão desprovidos de referências e significados quando chegam à escola. Eles atuam de corpo e mente e, ao mesmo tempo, são resultado de um ambiente sociocultural e físico. Inserir o corpo, a experiência e o contexto nessa construção sem dúvida não só mexe com as nossas certezas, sobretudo no fazer da sala de aula. Ele também movimenta as bases da educação como conhecemos.

Mesmo na articulação de aspectos vindos de diversos campos do pensamento humano – como a biologia, a sociologia, a filosofia, a psicologia, a antropologia, só para citar algumas –, a ideia de que a nossa cultura, linguagem, corporeidade, entre outros elementos, agem na nossa construção de conhecimento e significados faz com que a educação seja o "ponto de encontro" de todas essas concepções. Como vimos, o questionamento do reducionismo, do objetivismo e da separação do sujeito de seu ambiente tem implicações diretas na ciência e também na educação, sobretudo em relação à fragmentação do ensino, à certeza sobre a aprendizagem e ao rígido controle dos processos.

Frente à crise, multiforme e multidimensional, dos fundamentos do pensamento moderno, e com eles da escola como instituição central da educação, reconhecemos com Morin (2011) que, na ciência como na educação, *a emergência de um outro paradigma depende da valorização de um pensamento complexo.* No entanto, é preciso considerar que estamos tratando de compreender o conhecimento em relação ao seu desenvolvimento histórico, o que não significa uma simples substituição de um paradigma por outro. Ao contrário, precisa de um longo percurso até que o novo paradigma seja instituído, incorporado, validado, reconhecido e, em última análise, aplicado.

A mudança de paradigma, portanto, tem a ver com os fundamentos da instituição escolar, as convicções que criaram o modelo de escola atual, as necessidades que a história impôs para a criação desse modelo e assim por diante. Nas palavras de Nilson Machado (2002, p. 29):

> Em situações de crise, quando se configuram rupturas catastróficas, conduzindo a novos paradigmas, as relações entre o discurso e a ação soem desequilibrar-se momentaneamente, explicitando e submetendo à crítica concepções mais básicas, de natureza fundadora, como a ideia de conhecimento. No caso específico do discurso pedagógico, o significado de ingredientes comumente presentes, como disciplinas, interdisciplinaridade, currículos, planejamento, avaliação, tecnologias educacionais, entre outros, não pode ser examinado sem a articulação com seus fundamentos epistemológicos.

Interessa-nos especificar as raízes da ciência clássica porque a escola se fundamenta nos mesmos princípios, aceitando a verdade que a ciência impôs nos últimos três séculos como a forma "certa" ou "verdadeira" de ver o mundo, o que equivale a rejeitar sua complexidade. Como na ciência, é quase ausente em educação uma reflexão crítica sobre as origens dos conhecimentos a serem ensinados (o currículo escolar), aceita-se um método consolidado (a aula expositiva) e a ênfase do processo de ensino e aprendizagem está sobretudo nos resultados (a avaliação).

A partir de tudo o que foi exposto, concluímos que dificilmente as TIC representam, com sua mera presença nas escolas, a possibilidade da existência de um "novo paradigma". O uso de novos meios talvez seja interessante para caminharmos na direção de uma mudança nas práticas didáticas, mas acreditamos que a verdadeira mudança do ensino e aprendizagem reside, primeiramente, na consciência dos fundamentos epistemológicos implícitos ao trabalho em educação.

A partir da convicção de que "a desmontagem de um núcleo pedagógico só pode ser realizada completamente pela crítica epistemológica" (Becker, 2008, p. 54), abordamos nas próximas seções algumas opiniões, crenças, valores que constituem o substrato da educação no Brasil no momento atual – que pode demarcar todo um percurso futuro –, com vistas a sua crítica e superação. Com isso, vamos em busca de uma visão complexa, que permita, em última análise, "reinventar a escola" (Candau, 2018).

O aluno deve estar "no centro" do processo de aprendizagem?[6]

Na concepção tradicional de ensino que, como vimos, tem suas bases na ciência clássica, a tarefa do aluno na escola reduziu-se a aprender a ler um mundo objetivo, desmembrando suas partes e desconectando-o da experiência que o aluno tem da realidade. Nessa tarefa, não há a necessidade de o aluno pensar *qual o sentido* dessa aprendizagem. Para ele, o objetivo a ser alcançado está logo ali, na avaliação. Com esses pressupostos, é inevitável que o conhecimento se torne inquestionável, a rotina escolar dogmática e todo o processo centrado na figura do professor.

Com esse cenário, o esforço das chamadas metodologias ativas tem sido, principalmente, o de deslocar o professor desse lugar privilegiado de fala para dar todo o protagonismo ao aluno. Nessa "dança das cadeiras", o centro – da sala, da aula e da aprendizagem – é totalmente destinado ao aluno, cabendo ao professor se situar nos bastidores dessa construção. Mas o que significa ter o aluno no centro do processo de aprendizagem e das práticas de ensino? Para

---

6 Algumas partes desta seção foram adaptadas do artigo publicado pelas autoras "Metodologias ativas: uma solução simples para um problema complexo?", *Revista Educação e Cultura Contemporânea*, v. 16, nº 43, p. 30-56, 2019.

responder a essa questão, propomos considerá-la em dois passos: no primeiro, buscaremos retomar o que levou a essa inversão de posições observando, principalmente, a adoção de uma perspectiva construtivista, enquanto no segundo, traçaremos algumas propostas para a busca de modelos distintos.

A perspectiva construtivista e o aluno no centro

Para darmos o primeiro passo, é preciso retomar que a crise do modelo escolar da modernidade traz consigo algumas consequências, cada vez mais evidentes nas abordagens teóricas e nas pesquisas em educação. Entre elas, destaca-se a crítica à aula expositiva tradicional, enquanto prática que simboliza um processo de *transmissão de conhecimento unilateral* para um *aluno passivo*, que recebe e memoriza *informações abstratas* e, muitas vezes, desconectadas da realidade e do contexto em que vivem.

Como vimos, as limitações desse modelo de ensino derivam de ideias obsoletas que guiaram a construção do espaço de aprendizagem escolar na era industrial e estão fundamentadas nos pressupostos do pensamento cartesiano. Desde o começo do século XX, afirma-se que, para se envolver ativamente no processo de aprendizagem, o aluno precisa estar engajado com a resolução de problemas e o fazer prático e, ao mesmo tempo, refletir sobre sua própria ação. Disso decorre que em um ambiente de aprendizagem ativa, o professor deve atuar como orientador, facilitador, mediador do processo de construção de conhecimento e não apenas como fonte única de informação.

Em reação à destituição do professor como elemento central do processo de ensino e aprendizagem, surgem abordagens pedagógicas que defendem a necessidade de instituir o aluno como nó central do mesmo processo.

A pedagogia situada de Paulo Freire e da Escola Nova, como vimos, são exemplos dessa tentativa de empoderamento do aluno. Basicamente, ambas acontecem a partir da autonomia no processo de construção de conhecimento. Contudo, se pensarmos no sentido dado à autonomia pelo próprio Freire, e interpretarmos o empoderamento com base nas suas concepções pedagógicas, veremos que esses princípios da educação libertadora são constituídos em construções culturais e fundamentalmente coletivas.

Nessa concepção, dar maior ênfase ao aluno pode incorrer no risco de desconsiderar todo um ambiente complexo de interações, em que o aluno representa apenas um dos nós da rede. Como diz o linguista estadunidense James Paul Gee (2011), tanto o engajamento quanto o próprio aprendizado são sinônimos de *engajamento social* em comunidades organizadas em torno de um interesse comum. Com isso, não é necessário que o aluno esteja "no centro", mas que ele seja reconhecido em sua interação com os outros.

Outra perspectiva é o construtivismo fundamentado em Jean Piaget. Segundo Rossler (2005), este instituiu-se com força, nas últimas décadas, como um fenômeno de "modismo" no Brasil, incorporando também a abordagem histórico-crítica dos russos Lev Vygotsky, Alexander Luria e Alexei Leontiev, olhando para as aproximações e descartando as diferenças. Algumas pesquisas interessantes relatam como as concepções que os professores têm de construtivismo se mostram, no geral, muito vagas ou mesmo equívocas, constituindo-se principalmente como um ideal pedagógico que se opõe ao modelo de aula expositiva, considerado cada vez mais obsoleto e inadequado. Ainda que os professores não saibam explicar exatamente o que significa "ser construtivista", eles defendem, antes de mais nada, a importância de "não ser tradicional" (Chakur, 2015; Miranda, 2005).

Esse aspecto é também muito evidente nos resultados do nosso recente estudo nas escolas municipais do Rio de Janeiro. Nele, emerge a presença de um discurso de necessidade de atualização das práticas do professor, com relação ao uso pedagógico de tecnologias, mas sem uma clara justificativa (Pischetola, 2018a). Persistem, nas falas dos professores, as manifestações de um discurso sobre o "deve ser" da ação didática, que apresenta muitos elementos da perspectiva construtivista como ideal a ser alcançado, sem que sejam valorizados o "ser" da educação e as muitas práticas bem-sucedidas e eficazes que já existem (Pischetola et al., 2018).

É importante destacar que *a relação entre aula expositiva e fracasso escolar representa mais uma forma de pensamento simples* ou simplificador. A ideia reforça, novamente, a necessidade de rever as metodologias didáticas em direção à aprendizagem ativa, possivelmente com o uso de TIC para um maior engajamento dos alunos, pressupondo que a solução dos problemas da educação esteja concentrada inteiramente nas mãos do professor. Há de se reconhecer, com Antonia Lopes (2011), que a aula expositiva é uma técnica de ensino transmissiva e ultrapassada quando há ausência de sua vinculação com o contexto social. Porém, trata-se de uma técnica bem-sucedida se o professor for capaz de atrair os alunos com suas explicações, apresentando conteúdos difíceis com palavras simples, procurando o contato entre a teoria e as experiências vivenciadas pelos alunos. Em uma concepção pedagógica crítica, "a aula expositiva pode perfeitamente assumir um caráter transformador por intermédio da troca de experiências entre professor e aluno, numa relação dialógica" (Lopes, 2011, p. 44).

Nós nos arriscamos a dizer que a aula expositiva pode ser considerada, ela mesma, uma metodologia ativa, se o professor conseguir instaurar dinâmicas de interação entre todos os componentes da aula: professor, ambiente, conhecimento, aluno. Veja as práticas de contação de histórias na escola. Apresentadas atualmente como uma inovação, sobretudo após se aliar ao digital, contar histórias se tornou uma forma "emergente" de participação. Mas antes de ter o foco nas possibilidades de disseminação por meio das múltiplas ferramentas e plataformas digitais – que para o comunicólogo norte-americano, Henry Jenkins (2003), caracteriza tais narrativas digitais (*digital storytelling*) como narrativas expansivas – quando pensamos na relação estabelecida entre professor e alunos no ato da contação de histórias, o que interessa é o caráter da comunicação. Isso é o que qualifica a sala de aula como um ambiente auto-organizado, como veremos no próximo capítulo. Ao contar histórias, a exposição ultrapassa a simples transmissão de informações e se configura em uma interação, um fenômeno social.

Essa compreensão da aula como espaço de interação foi evidenciada em uma pesquisa que realizamos em 2012 com crianças do terceiro ano do ensino fundamental, de uma escola pública de Florianópolis (SC) (Pischetola e Miranda, 2015; Miranda, 2013). As atividades didáticas propostas nas intervenções foram realizadas com base na perspectiva ecossistêmica da comunicação. Ali foram privilegiados o contato multissensorial e as múltiplas linguagens na sala de aula, expandindo, ao mesmo tempo, suas possibilidades e seus limites físicos. Em um episódio relatado em nosso diário de campo, percebemos que, ao ser *orquestrada* pelo professor, a aula expositiva logo tornou-se dialogada:

> Ao retomarem as fotografias por eles registradas do bairro em uma aula-passeio, a professora aproveitou o tema para contar sobre as origens do lugar. Os alunos ouviram atentos. Em determinado momento, uma aluna falou baixinho para o colega ao lado que Morro do Quilombo, nome do bairro, se referia aos escravos que ali moravam. Percebendo a manifestação dela a professora pediu que falasse para os colegas. Outro aluno se manifestou e narrou uma saga dos escravos que ali habitavam. Por fim, completou "foi minha mãe que me contou essa história" (Diário de campo. Fonte: Miranda, 2013).

Como um contador de histórias (*storyteller*), o professor ao expor sua narrativa torna-se um maestro na sala de aula que estimula uma postura prospectiva no aluno. Isso significa assumir dois papéis: o de disparador e vinculador sociocultural. No primeiro, ele incentiva e dispara a participação oral, escrita ou multimidiática, auxiliando-os a desenvolver habilidades de compreensão e aprendizagem que são situadas. No segundo papel, ele incita os ouvintes a articular a sua posição sociocultural dentro da sala de aula e do contexto vivido. Na articulação de uma comunicação ecológica, o espaço da sala de aula se configura em um ambiente ritmado e que, portanto, não privilegia nem a ação do professor nem a dos alunos.

A partir dessas evidências, nos parece que no discurso que permeia o campo da educação, a inovação pedagógica está atrelada à simples noção de que o novo é melhor do que o antigo, e os dois não podem coexistir. Percebemos, ainda, que muitos discursos que ocupam a vida das instituições educacionais se movem em uma herança de tipo dualística, como se o novo e o antigo, o tradicional e o construtivista, a sala de aula analógica e a digital, o professor e o aluno fossem sempre elementos em contraposição.

Se consideramos que o problema está em conceber o professor como o centro do processo de ensino e aprendizagem, a sua solução está longe de ser a de situar o aluno nesse mesmo lugar – como propõem as metodologias que simplificam e reduzem o construtivismo. Não basta deslocá-los, professor e aluno, para alcançarmos a necessária mudança amplamente pregada pelos métodos inovadores.

Como herdeiros do pensamento moderno, encontramos uma grande dificuldade de sair do dualismo cartesiano. Porém, reconhecer esse limite já consiste em um primeiro passo para além do problema.

Para além da centralidade do aluno

Ao dar o segundo passo na busca por refletir sobre o que significa ter o aluno no centro do processo de ensino e aprendizagem, consideramos que há duas consequências importantes para a educação contemporânea.

Um primeiro efeito do discurso da centralidade do aluno é o de *simplificar a complexidade do processo educacional*, de modo que uma metodologia seja facilmente proposta em todos os níveis, e em qualquer lugar. Com um olhar mais atento, percebemos que as soluções encontradas para a inovação da prática didática, com foco na centralidade do aluno, não modificam a estrutura dualista da sala de aula, e nem o pensamento polarizado que guia a ação pedagógica tradicional. A inserção das metodologias ativas na educação é exemplificadora de um discurso de inovação pautado em um modelo único – seja ele chamado de Aprendizagem Baseada em Problemas, Ensino Híbrido ou Aula Invertida – destinado a qualquer aluno e, o que é mais complicado, aplicável em qualquer contexto.

A integração das TIC na educação é outro exemplo dessa tendência simplificadora, que une a inovação a um novo discurso tecnicista. Como percebemos na pesquisa realizada para a avaliação do ProUca (Programa Um Computador por Aluno) em escolas de Florianópolis e Salvador, em 2012, a consideração de um único modelo de inovação, naquele caso para a inserção de um laptop no cotidiano escolar, não conferiu o caráter de inovação proposto pela política pública. Descontextualizado, acabou por complicar ainda mais os processos escolares, e a tornar as práticas didáticas ainda mais diretivas (Pischetola e Miranda, 2015; Pischetola, 2016).

A nossa pesquisa de 2015 nas escolas do Rio de Janeiro mostrou que há uma distância entre o discurso incorporado pelos professores e sua prática profissional (Pischetola, 2018a; Pischetola, Daluz, 2018; Pischetola et al., 2018). Nas falas dos professores, as TIC seriam ferramentas cujo uso é inevitável porque a sociedade está evoluindo nessa direção e "a escola não pode ficar atrás". Com isso, novas ferramentas são introduzidas em práticas pedagógicas consolidadas, sem que haja inovação alguma: mudam os modelos e as abordagens, mas a essência do fazer didático continua sustentada por concepções dualistas.

A simples destituição do professor como "centro" também acarreta consequências importantes para o processo de aprendizagem. Com o aporte de um modelo universal de aluno e com a simplificação da complexidade do processo educacional, *o foco recai todo na aprendizagem, relegando o ensino a um lugar menor*. Assim, se por um lado o método instrutivo corre o risco de subestimar o papel ativo do aluno na aprendizagem ao tomá-lo como apenas um receptor das mensagens e instruções do professor, por outro os recursos construtivistas subestimam a agência do professor e, consequentemente do ensino, ao dar aos alunos total responsabilidade no processo de aquisição do conhecimento.

Autodidatismo, autoaprendizagem, "aprender a aprender" tornam-se palavras-chave de grande uso e divulgação, nas políticas públicas como no discurso de todos os atores do campo da educação. Sendo que agora, mais do que nunca, o professor precisa desenvolver seu papel de mediação pedagógica, frente a uma sociedade complexa, que precisa de muitos letramentos e habilidades diversificadas. Sem mediação pedagógica, desperdiçam-se as possibilidades que as TIC poderiam trazer para a sala de aula, quando entendidas como elementos culturais (Pischetola, 2016; 2018a; 2018b).

O fato de os modelos pedagógicos apresentados – o instrutivo e o construtivista –, estarem centrados ora no professor, ora no aluno, não muda um elemento de grande importância para a educação atual: a visão epistemológica que os fundamenta. Com isso, *ter o aluno no centro do processo de aprendizagem não significa uma mudança epistemológica*, pois o conhecimento ainda é visto como uma construção linear. Uma "virada epistemológica" na educação ocorrerá com a adoção de uma perspectiva de *aprendizagem reticular* e, consequentemente, sem centro, que permita o acesso e a troca de todas as informações a todos os pontos conectados – alunos, professores, conteúdos, métodos, contexto, ambiente.

Em suma, questionar a centralidade do aluno permite que a ação, a percepção e os conhecimentos dos sujeitos deixem de ser autocentrados para tornarem-se relacionados. Na escola, a perspectiva relacional resulta em uma qualidade interacional e conectiva que anuncia a passagem da aprendizagem que ocorre no ambiente a uma aprendizagem *com* o ambiente. Além dessa, a perspectiva de um pensamento educacional em rede possibilita a configuração da *sala de aula como ecossistema*, baseada em uma arquitetura interacional reticular na qual cada participante tem o mesmo poder comunicativo. Mas esse é um assunto para o próximo capítulo.

Perspectiva interacional das aprendizagens e da comunicação: a didática situada[7]

Nesse tópico, buscaremos apresentar, mesmo que brevemente, as bases teóricas que nos ajudam a refletir sobre a concepção reticular na educação como uma mudança epistêmica. Com isso, apresentaremos a *didática situada*, cujas características remetem às necessárias transformações no próprio significado tradicionalmente atribuído ao processo de construção do conhecimento (cognição), a partir da perspectiva interacional – tanto da comunicação quanto das aprendizagens.

Para além dos modelos estáticos e mecanismos perfeitos para a prática didática, a perspectiva interacional toma a comunicação e as aprendizagens como uma troca ininterrupta evidenciada por uma constante interdependência entre os sujeitos, o ambiente e suas realidades. No campo da ciência, o estudo das interações articula conceitos vindos de diversas áreas. No campo da educação, essa é a maneira apropriada para abarcar a aprendizagem como um processo situado e conectado à comunicação (Bateson, 1977), que agrega também a escola.

No interesse da *didática situada*, a comunicação pode ser um *jogo* no qual os parceiros não só trocam mensagens, mas as ajustam – e se ajustam – de acordo com o contexto, e no próprio curso da interação. Nesse sentido, a interação é um processo de mútua afetação, no qual o contexto surge como elemento fundamental para essa "nova" concepção pedagógica. Contudo, para que possa ser jogado, cada etapa exige a mobilização de diversas peças, entre elas a percepção, a conceitualização, a memória, a emoção, o movimento, entre outros.

Na tentativa de analisarmos os processos educacionais e suas formas comunicativas, buscamos questionar a perspectiva mecânica do modelo linear da comunicação e do processo de aprendizagem,

---

7 A ideia da didática situada foi apresentada no capítulo 'Didática Situada e Paradigma Ecológico: perspectivas e desafios para a escola', publicado no livro *Paradigmas da Educação* (Versuti, Santinello, 2019).

procurando outros caminhos possíveis. Entre as diversas opções de rotas, vamos percorrer o trajeto que vai da comunicação interacional à aprendizagem situada em uma breve explanação dos principais autores que questionam o padrão instrumentalista e mecanicista das relações sociais, culturais, ambientais, humanas, situando seus focos nas interações entre todos esses elementos.

Com isso, nosso modo de pensar a interação e a comunicação no interesse das aprendizagens decorre do pensamento complexo de autores como Maturana e Varela, e a ideia de autopoiese; Bateson e sua comunicação orquestral, e Capra com o seu o conceito de estrutura reticular. Esses autores têm em comum a consideração da existência do *organismo-em-seu-ambiente* como um princípio epistemológico fundamental. Isto significa atentar que organismo e ambiente constituem um contexto, ou seja, uma unidade inseparável na qual a interação é realizada dinâmica, simultânea e continuamente.

Partindo de uma nova visão sobre o lugar do organismo no ambiente, os biólogos chilenos Humberto Maturana e Francisco Varela (2001) esboçam sua teoria cognitiva com base na ideia de que o conhecimento do mundo está diretamente ligado às dinâmicas internas dos organismos que, por sua vez, interagem com as condições do ambiente. Afastando-se da biologia organicista, mecanicista e objetiva, eles vão refletir sobre o fenômeno do conhecer a partir das bases de uma biologia cognitiva, ou seja, operando uma revisão própria deste campo com implicações para as ciências sociais.

Com esse ponto de partida, os autores apontam que "há uma coincidência contínua de nosso ser, nosso fazer e nosso conhecer" (Maturana e Varela, 2001, p. 31), que não precedem e nem antecipam nossa ação. Nesse sentido, a aprendizagem acontece no ato, durante a interação, e é dependente da forma como percebemos o mundo (enação). Não tem propósito específico, não segue instruções do meio e nem é produto de uma representação. Ela é resultado da mudança estrutural dos seres vivos que se autoproduzem constantemente em contato com o ambiente, adaptando-se e visando sua sobrevivência. Assim, será no momento da construção das nossas experiências que conheceremos o mundo e, portanto, a aprendizagem não pode anteceder às experiências. Ao contrário, ela é uma *ação situada*, inserida em um contexto, *e incorporada*, sensível às disposições corporais, como por exemplo a emoção. Com isso, contexto e disposições corporais serão os responsáveis por singularizar os campos de ação nos quais nos movemos e, consequentemente, o modo como aprendemos.

O interesse pelos sistemas que são capazes de se autorregular e se reconstruírem buscando uma melhor adaptação fez com que Gregory Bateson buscasse observar a maneira como os seres vivos expressam, ou comunicam, suas interações. Apesar do interesse comum na capacidade de reconstrução e adaptação dos seres vivos, Bateson, diferentemente de Maturana e Varela, vai compreender os seres vivos como sistemas abertos e comunicantes, que trocam informações, matéria e energia uns com os outros e com o ambiente, alterando-se mutuamente.

Nesse sentido, a aprendizagem é um processo inerentemente relacional, recursivo e emergente, e ocorre em função da expectativa e do engajamento do aluno dentro do contexto da experiência. Nessa concepção sistêmica, a aprendizagem ocorre em níveis e é mediada pela comunicação. Ao comunicar, não só o sujeito aprende, mas aprende com o outro e ambos aprendem, simultaneamente, a aprender. Nesse sentido, a importância da comunicação no processo de aprendizagem possibilita o questionamento da própria ideia do que é comunicação. Dinâmica, essa *aprendizagem comunicacional* não apresenta nada mais do que a possibilidade de se considerar e interpretar a comunicação a partir do seu sentido mais óbvio: o de comunhão, contato, convívio.

Buscando um paralelo, a aprendizagem proposta por Maturana, Varela e Bateson diz respeito, entre outras, às possibilidades de ação dos sujeitos no ambiente por meio de seus movimentos que tem sua origem no *corpo situado*. Dentro dos interesses da educação, a ação é tomada como par da percepção, o que auxilia em considerar as relações entre o professor, os alunos e a sala de aula (ambiente) como interações preenchidas por afetações mútuas, ou seja, relações comunicativas. Nesse caso, o corpo demonstra a validade da experiência sensório-motora como processo de facilitação de outras aprendizagens. Ao contrário do corpo-máquina, composto por um apanhado de órgãos e tecidos que funcionam de modo linear, fragmentado e causal, o corpo situado é igualmente inteligente e, ao mesmo tempo, objeto e sujeito da aprendizagem.

A importância do corpo na compreensão da didática situada e, consequentemente, na didática, assume três possibilidades de abordagem: uma psicomotora, que alia o corpo à cognição levando em consideração dimensões socioafetivas e relacionais; outra que se concentra na comunicação não verbal do professor, suas potencialidades e interferências no ensino e na aprendizagem, e a última, que considera as interações do professor com os alunos, e destes com o ambiente (sala de aula), também no processo de ensino e aprendizagem.

Com isso, considerar que os processos de aprendizagem não ocorrem exclusivamente no cérebro e dependem, em parte, de estruturas e procedimentos fora do indivíduo são as premissas da *cognição situada e incorporada* que também embasam a didática situada. A importância de nos reconhecermos como *sujeitos situados,* cuja aprendizagem ocorre na sua experiência incorporada *com* o mundo e não na representação dele, está em considerar que as teorias e modelos pedagógicos ditos tradicionais, e mesmo os inovadores – como vimos anteriormente – conceberam o processo de conhecimento e aprendizagem como algo que se dá na mente/cérebro, é separado do corpo e da cultura e é fragmentado (herança cartesiana).

É importante ressaltar que o processo comunicativo e a concepção de aprendizagem que reúne corpo e mente pressupõem um experienciar em rede. Assim como na concepção de comunicação orquestral, a perspectiva reticular imagina que o processo de aquisição do conhecimento ocorre quando estamos imersos e conectados uns aos outros e ao ambiente. A perspectiva do conhecimento em rede nos leva a uma reflexão que mostra, mais uma vez, a necessidade de uma mudança epistêmica. Transformação que, assim como ocorre com o conceito de comunicação, nos leva a perceber as alterações no significado dado tradicionalmente ao próprio conhecimento.

Assim, a ideia do conhecimento como rede conduz a uma abertura nas atribuições de significado, a uma perene mudança na configuração dos nós e das relações entre eles, a uma pluralidade de interesses que coexistem e se complementam. A estrutura da rede, seja ela física ou metafórica, pressupõe uma redistribuição de poder. Afirma Capra (1997, p. 18):

> O poder, no sentido de dominação sobre outros, é autoafirmação excessiva. A estrutura social na qual é exercida de maneira mais efetiva é a hierarquia. De fato, nossas estruturas políticas, militares e corporativas são hierarquicamente ordenadas, com os homens geralmente ocupando os níveis superiores, e as mulheres, os níveis inferiores. A maioria desses homens, e algumas mulheres, chegaram a considerar sua posição na hierarquia como parte de sua identidade, e, desse modo, a mudança para um diferente sistema de valores gera neles medo existencial. No entanto, há um outro tipo de poder, um poder que é mais apropriado para o novo paradigma – poder como influência de outros. A estrutura ideal para exercer esse tipo de poder não é a hierarquia, mas a rede.

No campo da educação, a ideia do conhecimento em rede está associada a uma configuração (ainda utópica) da escola – suas concepções, métodos e técnicas – organizada em uma estrutura marcada pela coletividade, pela colaboração e pela horizontalização dos processos. Cabe ressaltar que essa não chega a ser uma concepção nova e está presente, não só nas concepções ecológicas da filosofia, da antropologia, da biologia e da comunicação, como vimos, mas as precede, por exemplo, nas concepções da psicologia sócio-histórica.

Ao pensar as funções e características dessa didática situada, Gee (2000) aponta, em primeiro lugar, para a necessidade de a educação retirar a sua atenção exclusiva nos indivíduos para voltar-se aos grupos sociais e culturais, bem como os usos que fazem das ferramentas e tecnologias. Nesse sentido, o núcleo da aprendizagem, do pensamento, da resolução de problemas e do letramento não está na "mente privada", mas no mundo da experiência que é quase sempre compartilhado em grupos sociais e culturais. Com esse argumento, a mente é considerada por Gee em termos de uma *mente social* (*social mind*), na qual há a superação de um processo de ensino e aprendizagem que realiza de forma "isolada", por uma ideia de mente introjetada nos sujeitos. Desta forma, o autor propõe ampliá-los – ensino e aprendizagem – situando-os como práticas sociais e culturais e que, como tal, envolvem tanto aspectos históricos, políticos e econômicos, como a participação ativa do corpo.

Nessa busca, que também se pauta na inseparabilidade entre mente e corpo na aquisição do conhecimento, Gee apresenta duas maneiras complementares de se considerar a aprendizagem como algo situado, corporal e compartilhado. A primeira diz respeito à própria natureza da mente e sua capacidade de confrontar informação – às quais distingue como experiência –, que a situa como um reconhecedor de padrões e não como um simples seguidor de regras. A segunda refere-se à capacidade de buscar os padrões potencialmente significativos que se devem seguir, de acordo com as suas experiências. Cabe ressaltar que, com este "guiar algo", o autor aponta para lugar e influência dos pares mais experientes na construção do conhecimento. Papel que pode facilmente ser o do professor, de um aluno, bem como do próprio currículo.

Uma didática situada, que se baseia nos preceitos da cognição situada e incorporada, está interessada tanto no desenvolvimento das identidades e na formação social, quanto na relação entre os dois. Para isso, seus métodos, bem como o próprio currículo, buscam conectar-se ao cotidiano dos alunos, dando-lhes espaço e oportunidade para que leiam o mundo e decifrem suas imbricações políticas, sociais, históricas e estéticas. Uma didática situada está atenta para a escola não apenas como um lugar para transmissão do saber, mas como espaço de ação performativa, intervenção cultural e transformação social. Como realizar uma didática situada? No terceiro capítulo, apresentaremos algumas propostas concretas, advindas das pesquisas realizadas pelas autoras e das práticas pedagógicas por elas utilizadas com o uso de tecnologias em todos os níveis de ensino, das séries iniciais ao ensino médio e superior.

O professor é responsável pela mudança de paradigma?

De acordo com Rui Canário (2006), a reconfiguração da profissão docente é elemento crucial da mudança do modelo escolar atual, rumo a uma mudança de paradigma. Essa reconfiguração acontece, segundo o autor, através de uma reinvenção de sua função na relação com seus alunos. O professor realiza um trabalho que

> implica o desenvolvimento de elevadas capacidades de abstração, a aquisição de uma visão sistêmica que lhe permita lidar com a complexidade, o recurso sistemático à experimentação (aprende-se com o erro) e o desenvolvimento de modos de aprendizagem em exercício, na interação com os pares (Canário, 2006, p. 68).

É dele a responsabilidade de "construir sentido", mais do que transmitir informação, para tornar a aprendizagem possível para seus alunos. De acordo com o pensamento de Canário, afirmamos que a falta de sentido da escola é um dos elementos que mais evidenciam sua crise atual e do seu formato. Segundo a pesquisa desenvolvida por Silvana Mesquita (2018), os alunos definem um "bom professor" como aquele que, primeiramente, dá sentido ao ato de aprender. Em linha com essa perspectiva e a partir dos resultados das nossas pesquisas sobre tecnologias em educação, defendemos que a construção de sentido da escola passa pelo "estilo motivacional" (Reeve et al., 1999) do professor. O estilo motivacional depende das características da personalidade do sujeito e das habilidades adquiridas ao longo de suas experiências pessoais e profissionais. Em particular, as nossas investigações destacaram duas habilidades que definem um estilo motivacional: (1) a presença (ou menos) de empatia, ou seja, a predisposição do docente para se colocar no lugar do outro e (2) o domínio da linguagem, que implica a valorização (ou não) da informação para a construção da relação com os aprendizes (Pischetola, 2016; Pischetola e Heinsfeld, 2017).

Essa segunda categoria é muitas vezes chamada, na literatura especializada, de "autoria". Nós preferimos aqui definir o professor como intelectual, mais do que como autor. Essa definição nos permite resgatar a perspectiva sócio-histórica que vê no professor um mediador, cuja função é fundamental no processo de ensino e aprendizagem.

O sociólogo estadunidense Charles Mills (1959) definiu o intelectual como a pessoa que é incapaz de dissociar a vida do trabalho, pois a visão de mundo permeia todos os seus pensamentos. Da mesma forma, acreditamos que o professor não separa sua vida da sua profissão, ele vê o mundo pela lente da pedagogia, cria suas estratégias didáticas a partir do que ele observa e se faz de mediador entre os sentidos do mundo e os aprendizes com que entra em relação cotidianamente. Muitos autores referem-se ao professor como intelectual. Segundo Fichtner (2012, p. 222-223), por exemplo:

> O trabalho do professor, na sua essência, não existe propriamente no que ele faz, *mas no que ele pessoalmente é*. Não são os métodos, as técnicas, as ações, as palavras de um professor que são decisivos, mas o seu espírito, sua autenticidade, sua credibilidade. [...] O professor representa um *modelo vivo da união do conhecimento e da atitude pessoal com o conhecimento*.

Longe de ser um mero "técnico do ensino", afirmam Mellouki e Gauthier (2004), o professor é o intérprete, o tradutor, o divulgador e o crítico da cultura. Uma cultura que, muito além de ser constituída somente por conhecimentos, é a soma das relações entre conhecimentos e interações com o mundo, com o outro e consigo mesmo. Ele é, segundo os autores, o "guardião" das regras e dos valores reconhecidos e considerados não apenas pela escola, mas pela sociedade em geral. Essa responsabilidade define o papel de intelectual que o professor exerce frente aos seus alunos.

Conforme Lima e Rovai (2015), o professor que privilegia o ponto de vista do aluno e sua contribuição para a aula está ousando intelectualmente e é justamente desse professor que a sociedade precisa no momento atual. Um professor que trabalha o conhecimento construindo e desconstruindo o conteúdo junto com seus alunos. Um professor que sabe olhar para a complexidade dos conhecimentos que compartilha com eles.

Todos os autores mencionados destacam a importância dos *aspectos relacionais* na profissão docente. Segundo Canário (2006), a valorização da profissionalização do professor, que atrelamos à sua capacidade de se ver como intelectual, é concomitante a uma *nova relação* com os alunos, em que o processo de ensino e aprendizagem comporta uma reversibilidade dos papéis e, portanto, uma valorização dos alunos e de sua humanidade. Isso tem a ver com a construção de um ambiente de sala de aula dialógico e interacional, onde a reflexividade do professor é constantemente exercida. A mudança, destaca o autor, se dá em dois níveis: na *relação com o saber* e na *relação com o poder*. O primeiro aspecto diz respeito ao conceber o aluno como produtor de saber, em um ambiente de troca livre, em que é possível a expressão de subjetividade de todos os indivíduos envolvidos. Nesse sentido, uma primeira mudança paradigmática para a educação consiste em reconhecer e valorizar o conhecimento oriundo das experiências do cotidiano, que os alunos trazem para a escola.

A nosso ver, esse é um ponto fundamental para a reestruturação/reinvenção da escola. O conjunto do modelo de ensino atual, diz o filosofo francês Jacques Rancière na introdução ao seu texto *O mestre ignorante*, tem por objetivo reduzir a distância entre o ignorante (o aluno) e o sábio (o professor). Porém, "não há ignorante que não saiba uma infinidade de coisas" (Rancière, 2013, p. 11) e reconhecer esse saber é o que caracteriza o ato de instruir como um ato de emancipação. Partir da consideração de que o outro – o aluno – ocupa um lugar de inferioridade intelectual posterga sua emancipação até o infinito, ou seja, não a torna possível. Em outras palavras, o professor demonstra sua inteligência de intelectual e sábio quando é capaz de assumir que o aluno, também, é um intelectual.

O centro do equívoco, afirma o autor, está na necessidade do ato de explicar: "a explicação é o mito da pedagogia, a parábola de um mundo dividido em espíritos sábios e espíritos ignorantes, espíritos maduros e imaturos, capazes e incapazes, inteligentes e bobos" (Rancière, 2013, p. 23). Essa distância entre os saberes é imaginária, pois o que realmente emancipa os alunos é um laço igualitário com seu mestre, e não uma inteligência subordinada a outra inteligência. "A mesma inteligência está em ação em todos os atos do espírito humano" (idem, p. 35).

Se o primeiro nível de transformação paradigmática apontado por Canário diz respeito ao saber, o segundo nível está centrado no poder que é inerente ao controle que o professor tem sobre os conteúdos, os tempos e as dinâmicas presentes na situação didática. A perda ou a redução do controle exercido induz a uma abertura da sala de aula, pressupondo uma reversibilidade dos papéis educativos. Voltamos às reflexões de Jacques Rancière. Como admitir, pergunta o filósofo, que um ignorante possa ser causa de ciência para um outro ignorante? O processo de emancipação do aluno, propõe o autor, começa pela consciência do professor, do seu papel de mestre.

> Mestre é aquele que encerra uma inteligência em um círculo arbitrário do qual não poderá sair se não se tornar útil a si mesma. Para emancipar um ignorante é preciso e suficiente que sejamos, nós mesmos, emancipados; isso é, conscientes do verdadeiro poder do espírito humano (Rancière, 2013, p. 34).

Abrir mão de um poder de controle sobre o outro, sobre a inteligência inferior, que precisa do mestre para compreender o mundo, é o salto mais difícil, admite Rancière. A explicação, enquanto método central do professor, precisa ser deixada de lado. O segredo de um bom mestre é "guiar discretamente a inteligência do aluno" (idem, p. 51) através de perguntas que a instiguem e a convidem a trabalhar. Isso não quer dizer simplesmente perguntar, à maneira que os sábios perguntam, para instruir o outro. O mestre lança mão do poder sobre o ignorante quando o ajuda a pesquisar, a buscar respostas que não têm algo definido que precise encontrar, mas que sempre permitam encontrar alguma resposta.

Retomando as considerações de Hannah Arendt, apresentadas no capítulo 1, entendemos como esse lugar de poder do professor está intimamente atrelado ao que ela chamava de conservadorismo da instituição escolar. E percebemos como é difícil desconstruir a visão tradicional do ensino – em que um professor explica e os alunos compreendem – em prol de uma mudança paradigmática que questiona os fundamentos científicos da mesma instituição.

Contudo, consideramos os dois elementos mencionados – a relação com o saber e a relação com o poder – duas peças fundamentais da inovação pedagógica, em direção a um olhar complexo sobre a educação. E a partir das nossas pesquisas e práticas pedagógicas, defendemos que o primeiro passo em direção a uma mudança de paradigma depende da capacidade do docente de considerar os alunos como iguais, distribuindo o poder de fala entre todos os sujeitos. Em nossos estudos, essa capacidade do professor foi relacionada à concepção de que o aluno, também, pode ser "autor" (Pischetola, 2016; Miranda, 2015; Miranda e Pischetola, 2018; Naumann e Pischetola, 2017). Todas as situações que permitem ao aluno se expressar, pensar, interagir e trabalhar com os outros, para construir conhecimento, são imprevisíveis e, portanto, incertas. Requerem uma atitude de confiança na própria proposta didática e nos conhecimentos pedagógicos que o professor tem.

A possibilidade do aluno de se dispor a aprender é uma experiência marcante da prática docente, que define uma trajetória rumo à reconsideração do ato de conhecer e do significado do conhecimento. As metodologias ativas e a integração de TIC em educação obrigam o professor a essa reconsideração, partindo da revisão dos papéis e continuando com a perda do controle sobre os possíveis acontecimentos em sala de aula.

Com isso, reconhecemos que o professor é, ao menos parcialmente, responsável pela mudança de suas práticas pedagógicas. Porém, precisamos olhar para a rede inteira do contexto em que o sujeito está inserido, para entender os elementos que efetivamente contribuem para essa mudança paradigmática. Como aponta Charlot (2006, p. 16), se referindo ao contexto escolar, "o professor não pode produzir diretamente o resultado de sua ação", mesmo que adote metodologias inéditas e tecnologias avançadas.

O professor no seu contexto: o conceito de sustentabilidade

Com base no que foi exposto até aqui, podemos concluir que o professor tem muita responsabilidade com relação à mudança da escola. O que não significa, porém, que o professor possa ser responsabilizado totalmente pelo resgate da escola como instituição privilegiada da construção de aprendizagem e pela inovação pedagógica requerida pela sociedade. Responsabilidade e responsabilização são conceitos muito diferentes, que evidenciam o lugar de autonomia que o professor tem, sua atitude frente às pressões sociais e sua consciência do papel que ele desempenha na promoção de sentido da escola para os seus alunos.

As pesquisas por nós desenvolvidas na última década, sobre o uso e a integração de TIC nas escolas, nos levaram a reconhecer a importância do contexto social e institucional, para para definir as possibilidades efetivas de mudança. O conceito que introduzimos para explicar isso é o de "sustentabilidade" (Pischetola, 2015; 2016) e inclui aspectos advindos das relações humanas e sociais existentes dentro de um contexto escolar.

Em sua acepção original, o conceito refere-se ao meio ambiente, isto é, a capacidade de um sistema natural ou humano de se adaptar às mudanças, internas ou externas, por tempo indeterminado (Dovers e Handmer, 1992). O termo surgiu da preocupação das agências internacionais a respeito da finitude dos recursos naturais e, a partir da década de 1980, popularizou-se como objetivo de longo prazo a ser alcançado através de um processo de desenvolvimento intencional, segundo princípios que incluem, entre outros elementos, a importância das condições locais e a concepção não linear da evolução (Moldan et al., 2012).

O princípio de sustentabilidade dialoga com a concepção de sistemas abertos e dinâmicos, com foco na interação entre os seus componentes, que "estão em constante mudança e necessitam de medidas proativas" (Sartori et al., 2014). Aplicada ao contexto da escola, essa perspectiva aborda aspectos advindos das relações humanas e sociais existentes nas unidades escolares e os desafios e potencialidades que essas interações apresentam para a integração de TIC nas práticas pedagógicas.

Os nossos estudos mostram que, a fim de integrar as TIC na comunidade escolar, é indispensável que todos os atores participem ativamente, com uma atitude individual de abertura para a revisitação e constante atualização dos procedimentos pedagógicos. Com isso, é evidente que a responsabilidade do uso de TIC em sala de aula não pode ser atribuída exclusivamente ao professor. Os processos de mudança mais sustentáveis dependem de outros elementos presentes no contexto escolar, como a disposição proativa dos gestores, a manutenção técnica, o suporte institucional, a existência de espaços e tempos de troca entre pares, bem como a realização de atividades interdisciplinares (Cabrera, 2016; Pischetola, 2016).

Em outras palavras, a sustentabilidade de uma mudança cultural rumo à integração de TIC nas práticas pedagógicas é o resultado do conjunto de recursos humanos e sociais intrínsecos da comunidade escolar. Para incentivar essas dinâmicas, precisa-se da interação dos indivíduos, que investem tempo e energia em momentos de troca, valorizando as relações. Sobre a base de códigos de comportamento, valores e sentidos compartilhados. Sendo assim, acreditamos que a sustentabilidade é o fundamento da inovação pedagógica: é o que permite a continuidade de um projeto de inclusão digital, a parceria entre vários atores sociais, a possibilidade de criar práticas inovadoras através do enraizamento cultural das tecnologias.

Esses resultados dialogam com a literatura sobre o tema da sustentabilidade, que examina a natureza das relações sociais e organizacionais, destacando que garantir uma rede de suporte e de parceiros internos e externos à instituição é um dos fatores que mais influenciam a qualidade das ações de inovação.

À luz dessas considerações, voltamos à pergunta que abriu essa seção: o professor é responsável pela mudança de paradigma? Parcialmente, sim. O professor está sempre em formação: reflete e aprende com a sua própria prática cotidiana, adaptando suas habilidades à complexidade da sala de aula. Contudo, as características do contexto institucional no qual o professor está inserido – e em particular, a presença de redes internas e externas à escola – representam um fator crucial para suportar sua iniciativa e seu papel de inovação. As relações que ele estabelece com os outros atores escolares também resultam da dinamicidade do contexto e, por sua vez, o influenciam.

No próximo capítulo, apresentaremos algumas propostas teórico-metodológicas para alcançar o objetivo de tratar a sala de aula como um ecossistema aberto, complexo e auto-eco-organizado.

A sala de aula como lugar da complexidade

3

Como enfrentar a complexidade da crise da escola? Como superar um modelo estático e fechado de conhecimento, em prol da abertura, da flexibilidade, da pluralidade e da mudança? Como não oferecer soluções simples para um problema complexo?

Neste capítulo, apresentamos alguns caminhos em busca de respostas a esses questionamentos. A primeira proposta é de superarmos a relação dualística entre sujeito e ambiente, considerando ambos como parte de um ecossistema único, fundamentado na simbiose entre os seus elementos. A segunda proposta é distanciarmos o nosso olhar do ecossistema através de uma abordagem ecológica, para percebermos a imersão do sujeito em seu ambiente. Por último, propomos fazer o movimento contrário, aproximando-nos, desta vez, das relações existentes no ecossistema, para entender sua estrutura reticular. A imagem a seguir resume todos os componentes essenciais da nossa análise.

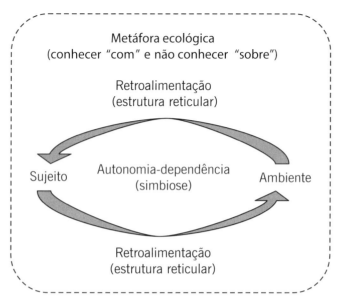

Figura 1 – Análise da relação sujeito-ambiente em uma perspectiva sistêmica.
Fonte: As autoras.

Primeiro passo: sujeito-ambiente como parte de um ecossistema

Propõe o filósofo francês Edgar Morin que enfrentar a complexidade significa confrontar concepções cientificamente ignoradas há muito tempo. Entre elas está o conceito de autonomia e, com ele, a noção de sujeito. Como vimos anteriormente, o interesse no sujeito foi sufocado no pensamento científico clássico. Por séculos a ciência optou por separar o observador de sua observação em nome da promoção da relação de linearidade entre causa e efeito.

Pergunta Morin (2014): "Quem é o sujeito?". Desde o século XVII, o sujeito foi expulso do processo científico e teve sua subjetividade diluída para dar lugar ao conhecimento objetivo. Mas, para retomá-lo, não basta se debruçar sobre ele e concebê-lo enquanto uma entidade destacada do ambiente. Isso porque a perspectiva sistêmica, ou seja, a forma de nos percebermos entrelaçados uns aos outros e ao contexto, é o que fundamenta a organização viva. Dito de outra maneira, somos seres dependentes do ambiente externo, na mesma medida em que ele decorre da nossa ação.

E por que é importante retomar a autonomia, impraticável sob uma perspectiva determinista, no contexto do pensamento sistêmico? Porque essa ideia de sujeito está calcada na noção de interação dos seres vivos com o seu meio, quer dizer, envolve, ao mesmo tempo, emancipação e dependência. Assim, segundo o princípio que Morin define como auto-eco-organização, um ser vivo autônomo não existe separado do seu ambiente biofísico. Mas, mesmo que esse ambiente esteja *dentro* dos seres vivos, como, por exemplo, uma célula ou um órgão do nosso corpo, estes não deixam de ser autônomos. Nessa relação complexa, falar em auto-eco-organização dos seres vivos autônomos significa compreender que a organização do mundo externo está em nossa própria organização viva, inscrita em nós mesmos.

O exemplo que Morin utiliza para mostrar essa conexão sujeito-mundo é o do ciclo circadiano. Com base na biologia, a ideia é a de que possuímos um relógio biológico interno que registra em nosso organismo a organização cronológica da Terra. Esse relógio regula, por exemplo, nossos horários de sono e a liberação de hormônios como a melatonina.

A relação com o ambiente está justamente nesse ritmo entre o aumento dos níveis da melatonina e a escuridão da noite. Tema premiado pelo Nobel de Medicina no ano de 2017, com o uso das tecnologias, o ciclo circadiano e o entrelaçamento do nosso relógio biológico com a organização do ambiente se tornam ainda mais complexos. O que reforça a ideia de Morin de que estamos inseridos em uma auto-eco-organização.

Em suma, a ideia de que somos auto-eco-organizados está pautada em uma concepção que, em um primeiro momento, pode se apresentar apenas como um paradoxo: a de que *a nossa autonomia é inseparável da dependência que temos do ambiente*. Ou seja, quanto mais autônomos buscamos ser, mais dependentes do ambiente teremos que estar.

Esse processo, diz o botânico francês Gilles Clèment (2014, p. 65-66), pode ser descrito como uma relação de simbiose entre o sujeito e o ambiente:

> A simbiose aplica-se à interdependência absoluta de dois seres ou dois sistemas biologicamente conectados. A humanidade depende inteiramente da diversidade que explora, mas no curso de sua evolução chega a um ponto em que o próprio ambiente – daí a diversidade – se torna dependente da humanidade.

Com base em um pensamento sistêmico complexo, a busca pela autonomia retoma nesse movimento o que Morin (2014, p. 48) chama de dependência ecológica, no qual "somos produtos e produtores, num ciclo rotativo da vida". Nesse circuito, estão presentes o diálogo e o conflito entre sujeito e natureza, e a percepção de que nos afetamos mutuamente.

Segundo passo: a ecologia como consciência da imersão

A partir dessa consciência, percebemos que a própria ideia de conhecimento muda, pois não se trata de obter "um domínio sobre" a natureza e sim de criar "um diálogo com" a natureza (Clèment, 2014). Para que isso seja possível, precisamos buscar experimentar uma condição de *imersão* no ambiente ao qual pertencemos/estamos interligados, o que requer humildade e, ao mesmo tempo, ousadia e coragem. Essa condição é possível graças a uma visão ecológica do sistema sujeito-mundo. A metáfora ecológica se consolida na busca por caminhos, ainda inéditos, que auxiliem a superar o impasse da separação pessoa/natureza, natureza/cultura, pessoa/contexto, entre outras separações. Em todas as áreas e abordagens que utilizam a metáfora ecológica como caminho para se alcançar uma teoria ecológica e ir além (Scolari, 2015), o horizonte parece ser o de uma produção de conhecimento não "sobre", mas "com" algo ou alguém.

Vale destacar, aqui, alguns dos elementos que constituem fundamentos comuns do pensamento ecológico e sistêmico. Desse modo, a metáfora ecológica pode nos auxiliar a pensar sobre a educação e, mais diretamente, refletir sobre a didática contemporânea e sua relação com a comunicação e as TIC, artefatos culturais do nosso tempo.

Em sua etimologia, a ecologia é o "estudo do ambiente" (do grego *oikós*, "casa dos seres vivos" e *logos*, "estudo")[8]. Na perspectiva ecológica, podemos perceber certa influência da teoria dos sistemas e da cibernética, que se evidencia na busca por integrar diferentes processos da esfera tecno-sócio-comunicativa[9]. Como base comum, está a incidência da atenção nas relações entre os componentes de um dado sistema e não nos componentes em si. Nesse sentido, a norma primordial é a interconexão, que nos ajuda a perceber a realidade como um encadeamento disposto de tal maneira que um elemento do sistema (sujeitos, mídias, tecnologias etc.) constitui o outro, e ambos estão, sempre, imersos em um contexto. Investidas de grande complexidade, tais relações desenvolvem dependências e determinismos mútuos, não lineares e dialógicos, que abarcam tanto um nível macro, isto é, as mudanças sociais nos ecossistemas (mídias, escola, família etc.), quanto um nível micro, com as alterações cognitivas e perceptivas dos sujeitos (Scolari, 2015).

Por que usar a metáfora ecológica? Como demonstra Kuhn (1998), a função das metáforas, é nos auxiliar a compreender e explicar o paradigma existente e, com isso, nos ajudar na busca por um novo modelo teórico-metodológico-conceitual nela baseado. A metáfora, segundo o autor, diz respeito a "todos aqueles processos cognitivos nos quais a justaposição, seja de termos, seja de exemplos concretos, origina uma rede de similaridades que ajuda a determinar o modo como a linguagem se liga ao mundo" (Kuhn, 2006, p. 252).

A metáfora de uma *ecologia* é uma importante estratégia não só para o discurso acadêmico-científico da comunicação na interface com a educação, mas, no geral, para a compreensão do cenário interconectado do qual fazemos parte. No interesse das

---

8   O termo foi cunhado em 1866 pelo biólogo alemão Ernst Haeckel, discípulo de Darwin.

9   Com o entrelaçamento entre tecnologias e cultura, essa abordagem remete, em particular, aos pensamentos precursores de Harold Innis (1894-1952), Lewis Mumford (1895-1990) e Gregory Bateson (1904-1980).

ciências sociais e humanas, algumas disciplinas buscam a metáfora ecológica para, a partir de seus interesses, questionar a (velha) cisão entre sujeito e objeto, e pensar a interação dos seres humanos com o ambiente. Entre elas, podemos citar a antropologia ecológica, que tem no pensamento de Tim Ingold (2000) um expoente recente; a psicologia ecológica, e as contribuições de James Gibson (1986); a filosofia ecológica, ou ecosofia, termo criado pelo filósofo francês Felix Guattari (1990) com contribuições de pensadores como o sociólogo francês Michel Maffesoli (2017), além da ecologia dos saberes, de Boaventura Sousa Santos (2006). Em comum, e apesar das especificidades de cada área, o uso da metáfora ecológica busca exprimir a consciência de uma estrutura em rede que contempla as múltiplas interações, cujo foco está no (re)estabelecimento da relação ecológica do sujeito-objeto.

Ligando todos os campos e entrelaçando os interesses está o que Maffesoli (2017, p. 10) chama de sensibilidade ecológica, ou seja, "atitude *instituidora*, em estado nascente, que se pode qualificar de *holística*". Essa perspectiva, dirá o autor, "acarreta um pensamento orgânico, o qual, além e aquém das hierarquias, das separações ou das distinções habituais da sociologia estabelecida, se vincula a reconhecer as múltiplas e necessárias interatividades, ação-retroações da realidade global" (idem).

Terceiro passo: a estrutura reticular da interação sujeito-ambiente

Ao sugerir um modelo de *comunicação orquestral*, em que os sujeitos participantes se ajustam e ajustam a comunicação mutuamente em busca de um entendimento comum, como em uma orquestra, Bateson (1977, 1993) propõe uma abordagem que privilegia os padrões comunicativos, acentuando o viés pragmático da interação sobre o conteúdo semântico e sintático da mensagem.

Com isso, o autor vai (re)incluir no processo comunicativo elementos como a gestualidade, o toque, os cheiros, o movimento, o espaço e o tempo, considerando a comunicação como um "todo integrado" (Winkin, 1998), que abarca tanto a comunicação verbal como a não verbal. Nessa situação, a relação dos atores é o fio condutor das ações socialmente compartilhadas. Interação que só é possível de ser considerada quando adotamos um *pensar sistêmico*.

Na perspectiva da arquitetura reticular, fundamentada em mudanças na comunicação e na cognição dos sujeitos, o universo físico é entendido como uma teia dinâmica de objetos e acontecimentos inter-relacionados. Nenhuma parte é fundamental, sendo que a consistência total da teia determina sua estrutura. Explica Capra (1997, p. 35):

> À medida que a concepção de rede tornou-se mais e mais proeminente na ecologia, os pensadores sistêmicos começaram a utilizar modelos de rede em todos os níveis dos sistemas, considerando os organismos como redes de células, órgãos e sistemas de órgãos, assim como os ecossistemas são entendidos como redes de organismos individuais. De maneira correspondente, os fluxos de matéria e de energia através dos ecossistemas eram percebidos como o prolongamento das vias metabólicas através dos organismos. A concepção de sistemas vivos como redes fornece uma nova perspectiva sobre as chamadas hierarquias da natureza. Desde que os sistemas vivos, em todos os níveis, são redes, devemos visualizar a teia da vida como sistemas vivos (redes) interagindo à maneira de rede com outros sistemas (redes). Por exemplo, podemos descrever esquematicamente um ecossistema como uma rede com alguns nodos. Cada nodo representa um organismo, o que significa que cada nodo, quando amplificado, aparece, ele mesmo, como uma rede. Cada nodo na nova rede pode representar um órgão, o qual, por sua vez, aparecerá como uma rede quando amplificado, e assim por diante. Em outras palavras, a teia da vida consiste em redes dentro de redes. Em cada escala, sob estreito e minucioso exame, os nodos da rede se revelam como redes menores.

No entendimento da existência de uma rede entre as unidades que compõem o ecossistema, percebemos que a ideia de conhecimento se atrela cada vez mais ao significado, pois "a construção dos significados não se dá a partir da percepção ou da compreensão de fatos ou objetos isolados: as interconexões, as imagens sintéticas são condição de possibilidade de tais processos" (Machado, 2002, p. 162).

A escola como sistema aberto, dinâmico e complexo

Para que possamos ultrapassar a causalidade da estrutura educacional fundamentada nos princípios cartesianos, uma opção está em considerar a escola como um sistema social e, por isso mesmo, complexo e dinâmico. Segundo Charlot (2006, p. 15), a escola é uma "instituição social, submetida a políticas" onde a "atividade do aluno e a do professor operam em um quadro institucional que define as condições materiais, financeiras, burocráticas". Mas pouco se importa com as questões comunicacionais e relacionais.

Pensar a escola como um sistema social e, portanto, investida em toda a sua complexidade, significa, ao nosso ver, perceber suas dinâmicas para além da dimensão científica, mas obviamente sem ignorá-la. Melhor dizendo, é preciso inserir nessa dimensão as relações que ocorrem em nós mesmos e no nosso cotidiano entrelaçado com a natureza, recuperando, como vimos no capítulo anterior, a consciência ecológica e sistêmica.

Para entender de que forma a escola pode ser considerada um sistema aberto e complexo, precisamos primeiramente introduzir, brevemente, o conceito de sistema.

O sistema e as suas características[10]

A noção de sistema deve-se ao biólogo alemão Ludwig von Bertalanffy, que em 1937 elaborou a *Teoria geral dos sistemas*, sucessivamente divulgada na década de 1950. A teoria buscava um denominador comum a todos os ramos da ciência que investigassem os sistemas vivos, sendo evidente que certos princípios da pesquisa científica eram válidos e aplicáveis em todos os âmbitos de conhecimento.

Na definição de von Bertalanffy, um sistema é um conjunto e uma combinação de elementos dinamicamente relacionados,

---

10 Algumas partes desta seção foram adaptadas do artigo publicado pelas autoras "A interação como potência comunicativa na escola: um estudo sobre a resolução colaborativa de problemas". *Revista Ação Midiática*, v. 15, p. 149-166, 2018.

interdependentes, que formam uma atividade para atingir uma finalidade, um objetivo constante. Os sistemas podem ser fechados, caso não apresentem intercâmbio com o ambiente que os circunda (é o caso de uma máquina, por exemplo, um relógio), ou abertos, caso apresentem relações de influência com o ambiente, operando com informações, matéria e energia em entrada e fornecendo o resultado das mesmas após um processamento que pressupõe uma transformação. Os sistemas vivos, como uma célula, uma planta ou uma organização, fazem parte dessa segunda categoria. Se por um lado um sistema fechado está em estado de equilíbrio, um sistema aberto caracteriza-se pela sua instabilidade. Nas palavras de Morin (2011, p. 20-21):

> Um sistema fechado, como uma pedra, uma mesa, está em estado de equilíbrio, ou seja, as trocas de matéria/energia com o exterior são nulas. Por outro lado, a constância da chama de uma vela e a constância do meio interno de uma célula, ou de um organismo, não estão absolutamente ligadas a tal equilíbrio; ao contrário, há desequilíbrio no fluxo energético que os alimenta, e, sem esse fluxo, haveria desordem organizacional levando rapidamente ao definhamento.

Para além da interdependência das partes e da troca com o ambiente externo, há outros elementos que caracterizam um sistema aberto. Entre eles destacamos, resumidamente: (1) a impossibilidade de previsão determinística de seus comportamentos; (2) a presença de mecanismos autorregulatórios, como a autocorreção dos erros (morfogênese), a procura constante de energia externa para a sobrevivência do organismo, a manutenção de uma constância no intercâmbio de energia importada e exportada e a capacidade de superação dos distúrbios externos (resiliência); (3) a presença de subsistemas dentro do sistema geral, a regulação de seus limites e a diferenciação das funções de cada parte constituinte (Von Bertalanffy, 1950).

A famosa frase que resume essas características – "o todo é maior que a soma das partes" – foi cunhada dentro do movimento alemão denominado Gestalt. Em alemão, *gestalt* significa "forma" ou "aspecto". O ponto central desse conceito é que percebemos as entidades por suas propriedades enquanto "entidade" integral (o todo), e não pelas propriedades isoladas (as partes).

Em linha com esse pensamento, o matemático estadunidense Edward Lorenz (1963) aponta que, apesar de utilizarmos metodologias de pesquisas da ciência moderna, em que dividimos o estudo dos seres vivos em objetos separados, temos que manter sempre em foco que eles são entidades completas e que devem ser analisadas, para o real entendimento de seu funcionamento, de forma holística, em sua totalidade sinérgica. A mudança do enfoque analítico dos objetos de pesquisa para o estudo dos objetos como um todo pode ser vista, de fato, como uma brecha no paradigma científico da ciência moderna, uma mudança em termos de metodologia e de epistemologia. Observa Capra (1997, p. 34):

> A nova ciência da ecologia enriqueceu a emergente maneira sistêmica de pensar introduzindo duas novas concepções – comunidade e rede. Considerando uma comunidade ecológica como um conjunto *(assemblage)* de organismos aglutinados num todo funcional por meio de suas relações mútuas, os ecologistas facilitaram a mudança de foco de organismos para comunidades, e vice-versa, aplicando os mesmos tipos de concepções a diferentes níveis de sistemas. Sabemos hoje que, em sua maior parte, os organismos não são apenas membros de comunidades ecológicas, mas também são, eles mesmos, complexos ecossistemas contendo uma multidão de organismos menores, dotados de uma considerável autonomia, e que, não obstante, estão harmoniosamente integrados no funcionamento do todo. Portanto, há três tipos de sistemas vivos – organismos, partes de organismos e comunidades de organismos – sendo todos eles totalidades integradas cujas propriedades essenciais surgem das interações e da interdependência de suas partes.

Na perspectiva da complexidade, Maturana e Varela (2001) consideram que os sistemas – sejam eles biológicos, mecânicos ou sociais – são ao mesmo tempo organizados e organizadores de uma estrutura cujo funcionamento é, igualmente, estruturado e estruturante. Com essa concepção, o que define um sistema social e, portanto, também a escola, é a sua organização, cujo interesse está nas interações ali realizadas e não nos elementos em si. Desta forma, a *organização*, segundo a perspectiva sistêmica e complexa, pode ser compreendida como a relação, ou o conjunto de relações, entre os componentes de um sistema e destes com o ambiente. Já a *estrutura* é proposta como as interações atuais entre componentes atuais do sistema.

Na definição de Bateson (1993, p. 331), sistema é "qualquer unidade que inclua uma estrutura de retroalimentação (*feedback*) e, portanto, capaz de processar informação". Nesse sentido, o sistema é um conjunto de elementos integrados por meio da comunicação de tal maneira que, para que possamos entender os seus componentes é necessário compreender também as formas como eles se relacionam, ou comunicam entre si. Com a centralidade na comunicação, Bateson, ao contrário de Maturana e Varela, adota uma perspectiva que considera o sistema comunicativo e relacional como um sistema aberto. Como vimos, essa será a base para a consideração de uma orquestração nas interações.

A escola como sistema complexo

Em 2004, o pesquisador brasileiro Ricardo Tescarolo publica o livro que dá o título a essa seção, *A escola como sistema complexo*, que retomamos aqui para os fins da nossa análise sobre didática e tecnologias.

Referindo-se à escola como um sistema social, o autor aponta que a organização é o que lhe imprime identidade. Serão as suas características e interações que vão afirmar sua essência, natureza e, portanto, também seu desequilíbrio. Para ele, considerar a escola como um sistema social passa por tomá-la não apenas por sua organização peculiar, mas por sua estrutura e funcionamento singulares. Nesse sentido, é preciso definir o que se entende por organização e, juntamente com ela, por estrutura escolar para, então, refletir sobre como superar a crise dessa organização.

Segundo o autor, ambos, organização e estrutura de um sistema social "constituem a história do seu desenvolvimento, que por sua vez representa o resultado das interações entre o sistema e seu entorno social" (Tescarolo, 2004, p. 78). Por um lado, quando pensamos na crise da organização escolar devemos questionar sobre as características de segregação, seleção e homogeneidade, adquiridas e mantidas desde o século XVIII, frente à necessidade de se abarcar a heterogeneidade, a diversidade e a multidimensionalidade, valorizando a combinação de aspectos biológicos, sociais e culturais, que o cenário contemporâneo demanda. Podemos pensar que é aí que reside a sua instabilidade.

Por outro lado, a estrutura da escola diz respeito a como os componentes se ordenam e como sua dinamicidade intervém na interação e no domínio de cada um. É aqui que se inscreve, por exemplo, a introdução das TIC na escola, um dos imperativos atuais do discurso de inovação. A adoção dos tablets no lugar dos cadernos é apenas um componente atual da escola (estrutura) que em nada interfere em questões de segregação, seleção, homogeneidade, linearidade da instituição escolar (organização). Da mesma maneira, "novas" e "ativas" metodologias podem até alterar a estrutura escolar – por exemplo, expandir a sala de aula permitindo que os alunos explorem o ambiente escolar ou propondo que exponham suas dúvidas em chats e fóruns de discussão –, mas não modificam sua organização, ou seja, o conjunto de relações que a constituem.

Em suma, podemos dizer que uma nova tecnologia pode alterar a estrutura escolar sem, contudo, modificar significativamente seu caráter, sua identidade. Podemos pensar em outros exemplos: o foco no currículo por competências ou nas habilidades para o século XXI, ou nos quatro pilares da educação apontados pelo relatório Délors. Elementos capazes de mudar a *estrutura* da escola, sem, contudo, tocar nos fundamentos de sua *organização*.

Como propõe Tescarolo (2004, p. 91), a escola, apesar de composta por diferentes agentes humanos, "constitui sua orientação para uma finalidade que resulta do movimento da ação humana em seu interior". Isto é, será necessário que professor, aluno e ambiente compactuem na busca por uma nova perspectiva, ou nova organização escolar, que abarca não só o aspecto material, mas o social e cultural.

Para que uma mudança seja sustentável, nos termos que definimos no capítulo anterior, precisamos entrelaçar as mudanças estruturais com os outros elementos que compõem o ambiente "escola". Pois, ao contrário do que se pode imaginar, mudanças na estrutura do sistema social farão, em certa medida, com que a organização não só não se modifique, como preserve suas características iniciais. Explica Morin (2011, p. 21-22) a esse propósito:

> Tem alguma coisa de paradoxal: as estruturas permanecem as mesmas, ainda que os constituintes sejam mutantes [...]. Por um lado, o sistema deve se fechar ao mundo exterior a fim de manter suas estruturas e seu meio interior que, não fosse isso, se desintegraria. Mas é sua abertura que permite esse fechamento. O problema torna-se mais interessante ainda quando se supõe uma relação indissolúvel entre a manutenção da estrutura e a mudança dos constituintes.
>
> *A realidade está, desde então, tanto no elo quanto na distinção entre o sistema aberto e seu meio ambiente.* Esse elo é absolutamente crucial seja no plano epistemológico, metodológico, teórico, empírico. [...] Metodologicamente, torna-se difícil estudar os sistemas abertos como entidades radicalmente isoláveis. Teórica e empiricamente, o conceito de sistema aberto abre a porta a uma teoria da evolução, que só pode provir das interações entre sistema e ecossistema, e que, em seus saltos organizacionais mais admiráveis, pode ser concebida como a superação do sistema por um metassistema. A partir desse momento, a porta está aberta para a teoria dos sistemas auto-eco-organizadores, eles próprios abertos.

Como percebemos em nossas pesquisas sobre as políticas públicas de inserção das tecnologias digitais móveis na educação – investigações voltadas à avaliação do Programa Um Computador por Aluno (ProUca) na Itália, na Etiópia e no Brasil – as TIC são percebidas como o único fator de mudança do contexto, sendo que sua inserção cultural e todas as consequências dessa inserção não são consideradas elementos fundamentais de inovação (Miranda, 2016; Pischetola e Miranda, 2015; Pischetola, 2016). Conforme afirma Morin (2011, p. 22), "a inteligibilidade do sistema deve ser encontrada, não apenas no próprio sistema, mas também na sua relação com o meio ambiente [...], essa relação não é uma simples dependência, ela é constitutiva do sistema". Aplicada ao nosso foco de pesquisa, a integração de TIC no contexto escolar se dá na relação entre tecnologias, práticas pedagógicas, fatores humanos e sociais, contexto institucional, ou seja, na interação entre o objeto, a ferramenta tecnológica e o meio ambiente-escola.

Por outro lado, quando a pesquisa se tornou ação formativa para discentes e docentes, nos termos de uma contrapartida oferecida às escolas que dela participaram, percebemos a possibilidade de algumas mudanças relacionais interessantes, dentro do sistema escolar. Ao buscarmos propor na escola práticas com as tecnologias que extrapolaram seu viés material e sem renunciar ao conhecimento e à cultura[11], incidimos o foco nas relações dos sujeitos entre si e com o ambiente, articulando ali um cenário reticular (Miranda, 2017; Miranda e Pischetola, 2018; Pischetola, 2015; 2016; Pischetola e Miranda, 2015). Esse enfoque buscou atualizar o funcionamento da escola e possibilitar "uma melhor condição para enfrentar as perturbações" (Tescarolo, 2004, p. 91) por meio de novas interações – caminho que leva à reflexão sobre a organização escolar.

Como defende Lima (2006), a crise da organização escolar não é essencialmente pedagógica, capaz de ser resolvida com novas metodologias apresentadas como modelos ou "receitas", e nem diz respeito somente às necessidades econômicas, que serão resolvidas com a adoção das tecnologias e/ou com a inserção de processos educativos no ambiente digital. É preciso considerar a escola em toda a sua complexidade e, assim, ponderar em primeiro plano a ação humana como "única instância capaz de construir um sistema

---

11   O relato de algumas dessas práticas segue na última seção desse capítulo.

lógico aberto de referência e promover o desenvolvimento de suas relações" (Tescarolo, 2004, p. 86). É nas interações entre os sujeitos, que constituem o conjunto de propriedades e definem sua organização, que se deve investir.

A complexidade, reafirma Morin (2011), pressupõe sempre uma parte de incerteza, proveniente não apenas dos nossos limites de entendimento, mas também inscrita nos mesmos fenômenos que ocorrem no seio de sistemas ricamente organizados, cuja ordem, porém, é inseparável do acaso. Ao falarmos de integração cultural das TIC na educação, precisamos entender que gestão escolar, conexão Internet, equipamentos, professores, alunos, pais, espaços físicos, práticas pedagógicas, infraestrutura, relações, habilidades, conhecimentos, conteúdos, métodos, técnicas e instrumentos constituem as partes de um sistema aberto, dinâmico e complexo, um todo integrado e situado, "maior que a soma de suas partes", cuja evolução no tempo está incerta e é imprevisível.

A ecologia dos meios aplicada à educação[12]

Ao longo da nossa trajetória de pesquisa e docência, defendemos que a inovação pedagógica com o uso de tecnologias na escola é o resultado de um processo de imersão cultural de todos os atores envolvidos. Para sustentarmos essa abordagem, fundamentamos nossa análise na perspectiva teórica da *ecologia dos meios*, elaborada na década de 1960 pelo teórico da comunicação Marshall McLuhan, no âmbito dos estudos da Escola de Toronto.

No fim da década de 1960, McLuhan voltou-se à educação para realizar previsões sobre a mediação tecnológica e suas consequências nas práticas pedagógicas realizadas, sobretudo, na escola. Já naquele

---

12 Uma parte do texto desta seção foi adaptada do artigo publicado por Magda Pischetola "Inovação pedagógica e tecnologias, um processo de imersão cultural", Anais do XIX ENDIPE, Salvador 3-8 de setembro de 2018. Outra parte do texto, sobre Walter Ong, foi adaptada do artigo publicado em coautoria com Liliane B. Daluz "A ecologia dos meios e a tecnologia como imersão cultural" na *Revista Contrapontos*, vol. 18, n. 3, p.197-211, set. 2018.

momento, o pesquisador canadense apontou, em um pequeno texto intitulado *Mutations 1990* (1969), as implicações de estarmos entrelaçados em uma complexa rede de comunicação. Com seu prognóstico, o "profeta da Galáxia de Gutenberg" chamou a atenção para a necessidade de percebermos a educação como um processo essencialmente comunicativo e, a um só tempo, demonstrou ser o modelo adotado na escola de massa – eminentemente expositivo e centrado na figura do professor-emissor – seu maior problema.

McLuhan (1962; 1964) propõe considerar as mídias como ambientes culturais imersivos, em que a ênfase é dada aos aspectos relacionais entre sujeitos e objetos. Segundo essa ideia, o nosso meio ambiente natural deve ser estendido e incluir, igualmente, nossos ambientes simbólicos. Assim, a ecologia dos meios não se limita a estudar os meios em si, mas analisa as formas como as interações entre os sujeitos e os meios de comunicação moldam a cultura e contribuem para manter seu equilíbrio simbólico. A perspectiva enfoca as linguagens que constituem as diferentes mídias e as mudanças aportadas por cada linguagem nas esferas humanas, da comunicação social à política e à economia e, em última análise, na própria percepção de realidade. O célebre aforismo cunhado pelo autor – "o meio é a mensagem" – resume com simplicidade sua perspectiva, enfatizando a existência de cada meio como transformação irreversível da sociedade e da civilização.

O autor não se interessa pelos conteúdos veiculados pelo rádio ou a televisão, nem pelos seus efeitos no público que assiste a esses conteúdos. Ele estuda o impacto que a mera presença desses meios na sociedade comporta para as nossas práticas sociais e culturais. Em sua visão futurista, McLuhan imagina uma sociedade em que estaríamos cercados por mídias que nos conectam rapidamente a outros indivíduos e com possibilidades infinitas de acesso à informação. Quando a Internet ainda não era uma realidade, ele já previa que o impacto cultural de uma tal tecnologia teria sido incomensurável e teorizava a formação de uma "aldeia global" em que todos os sujeitos estivessem interconectados.

Entendidos dessa forma, os meios configuram-se também como extensões do homem. Longe de serem apenas instrumentos ou ferramentas a serviço do homem, os meios são uma espécie de prolongamento do ser humano, de seu corpo e sua forma de pensar, ou seja, constituem-se como maneiras de traduzir um modo de conhecer o mundo. Nas palavras de McLuhan (1964, p. 63):

> Qualquer invenção ou tecnologia é uma extensão ou autoamputação de nosso corpo, e essa extensão exige novas relações e equilíbrios entre os demais órgãos e extensões do corpo. Assim, não há meio de recusarmo-nos a ceder às novas relações sensoriais ou ao "fechamento" de sentidos provocados pela imagem da televisão. Mas o efeito do ingresso da imagem da televisão variará de cultura a cultura, dependentemente das relações sensoriais existentes em cada cultura.

Assim que Neil Postman (1990), aluno de McLuhan, figura a mudança ecológica dos meios de comunicação: o surgimento de um novo meio, de uma nova mídia, não se limita a agregar algo ao sistema existente, mas modifica o todo, causa impacto em todo o ambiente, de forma ampla. O autor afirma que a utilização do termo "ecologia" sugere que não interessa estudar somente os meios, mas sim as formas com que *a interação entre os seres humanos e os meios molda o caráter da cultura*, ajudando a compreendê-la.

Conforme Postman, cada tecnologia carrega consigo uma filosofia que expressa o modo com que as pessoas usam suas mentes, seus corpos, como codificam o mundo. Segundo o autor, "um meio é uma tecnologia em que uma cultura cresce; ou seja, ele dá forma à política, à organização social e aos modos de pensar de uma cultura" (Postman, 2000, p.10). A partir dessa visão, a ecologia dos meios analisa como as tecnologias afetam a percepção, a compreensão, as sensações, os valores.

> Uma mudança significativa gera uma mudança total. Se você tirar as lagartas de dado habitat, você não fica com o mesmo ambiente menos as lagartas, mas com um novo ambiente e terá reconstruído as condições da sobrevivência; o mesmo

se dá se você acrescenta lagartas a um ambiente que não tinha nenhuma. É assim que a ecologia do meio ambiente funciona. Uma tecnologia nova não acrescenta nem subtrai coisa alguma. Ela muda tudo. No ano de 1500, cinquenta anos depois da invenção da prensa tipográfica, nós não tínhamos a velha Europa mais a imprensa. Tínhamos uma Europa diferente (Postman, 1994, p. 27).

Em texto publicado com Charles Weingartner em 1971, Postman propõe aplicar a abordagem de ecologia dos meios à educação e atenta para a possibilidade de uma nova fórmula de ensino, que define como "contestação". A proposta metodológica para o professor é a de trabalhar com os alunos levantando questões de debate, perguntas abertas e atitudes proativas, em prol da evolução de um pensamento crítico e autônomo. Segundo os autores, a metodologia do professor seria o meio que veicula a mensagem, constituindo o elemento mais importante na formação do aluno. O foco não é mais no conteúdo, mas nas formas como esse conteúdo é trabalhado, no ambiente em que os alunos estão imersos.

Ao chamar a atenção para um descompasso entre os saberes que se operam "fora" e "dentro" da escola, os autores demonstram o quanto a aprendizagem e a atitude ativas dos alunos circulam em espaços não escolares e mediados pelas tecnologias. Nessas condições, a mutação da educação está em abandonar a tarefa mecânica da especialização do conhecimento e da estandardização do ensino, que consolida a escola como um espaço de competição. A partir daí, será possível assumir um trabalho dinâmico de descobertas e aprendizados, radicando no cenário escolar um ambiente ecológico pautado na colaboração.

Por último, cabe destacar a contribuição de outro aluno de McLuhan, Walter Ong, que estuda a comunicação oral e escrita, as características de cada modelo e seus impactos na cognição humana. Ong (2002) refere-se à ecologia dos meios como a perspectiva teórica que apresenta um *novo estado da consciência*, que poderia ecoar as inquietudes que impulsionaram Charles Darwin para a definição do sistema de evolução humana. Tal seria o aporte da ecologia dos meios para o estudo e a compreensão da cultura como o ambiente em que os símbolos humanos e suas relações são criados e evoluem.

> Nosso fascínio atual com a ecologia, percebida em todas as suas formas, depende da explosão de informação que marca a nossa época e que nos tornou mais conscientes das correlações entre todos os seres vivos e as estruturas do universo ao nosso redor. Aumentando o nosso conhecimento da evolução cósmica e orgânica e das relações que constituem essa evolução, focamo-nos, em última análise, na vida humana (Ong, 2002, p. 6).

Segundo a definição de Ong, a perspectiva da ecologia dos meios seria um "sistema aberto", capaz de incentivar a criatividade, a liberdade e o processo de descoberta, embora seja preciso destacar a complexidade que consiste em mapear o próprio sistema. Muito mais do que uma metáfora emprestada da área biológica aplicada ao estudo das mídias, a ecologia dos meios constitui uma base teórico-epistemológica fecunda no campo de investigação das novas tecnologias, trazendo em seu âmago o pressuposto de que os meios, na condição de espécies que coexistem em um ecossistema através de relações e interações, compõem um entorno, uma ambiência, que promove significativas modificações na sociedade.

Aproximações com a ecologia da educação

Segundo o educador brasileiro Moacir Gadotti (2009), uma das contribuições de McLuhan para a educação está em considerar o mundo como um espaço *educador* e *educando* no qual os conhecimentos formais se conectam aos informais e não formais em uma educação para toda a vida e em todos os lugares. Não por acaso, Gadotti propõe uma aproximação do teórico da comunicação com os pensamentos de Paulo Freire, tendo como ponto de contato entre os dois educadores justamente a ideia de um ensino e uma aprendizagem expandidos. Na perspectiva da educação cidadã e, com ela, da escola como garantia do direito de aprender e participar, Freire (1996) aponta que o método de ensino e aprendizagem e de pesquisa deve ter como ponto de partida a leitura do mundo, ou seja, almejar o conhecer profundo da realidade para que nela possamos intervir.

Além da expansão da sala de aula, o pensamento freireano se conecta ao de McLuhan também na consideração da educação como comunicação. Para Freire, não haverá educação se não houver comunicação. Sem essa reciprocidade, não existirá diálogo e, consequentemente, compreensão. Configurado em uma relação ecossistêmica, comunicação e educação se constituem em uma dinâmica na qual a "educação é comunicação, é diálogo, na medida em que não é transferência de saber, mas um encontro de sujeitos interlocutores que buscam a significação dos significados" (Freire, 2011, p. 35).

Com base nessas reflexões, Gadotti apresenta a perspectiva de um projeto *ecopolítico-pedagógico* pautado em uma educação integral. Pensar a ecologia no contexto da educação significa, por exemplo, compreender que o aprendizado não se separa do ensino e ambos só ocorrem no contato com outras pessoas em um determinado ambiente. Como em um circuito, estamos a todo momento ensinando, aprendendo e associando esse saber com outros saberes, retroalimentando os conhecimentos e autorregulando a aprendizagem (Freire, 2009). Nesse sentido, é preciso, segundo Gadotti (2009), uma nova compreensão da educação, no sentido da integralidade. Para ele, uma educação integral abrange o entrelaçamento de aspectos biológicos, corporais, do movimento humano, socioculturais, cognitivos, afetivos, todos inseridos em um contexto temporal e espacial. Assim, considerar a ecologia na educação seria uma possibilidade de inovação educacional, ou seja, de uma mutação no sistema de ensino capaz de construir pontes entre os processos que ocorrem nos mais diversos espaços e tempos de formação.

Essas visões ecoam no pensamento do sociólogo português Boaventura Sousa Santos (2006), que propõe uma ecologia dos saberes, fundamentada na ideia de que conhecimento é "interconhecimento". Segundo o autor, somente através de uma valorização da pluralidade de conhecimentos heterogêneos é que a educação escolar pode ampliar seus horizontes para além da monocultura que ela veicula através da hipervalorização do conhecimento científico. A ecologia dos saberes se reflete concretamente, conforme afirma Vera Candau (2016), em uma educação intercultural crítica, que assume a diferença como riqueza e articula as relações entre grupos e sujeitos.

A partir dessas contribuições, percebemos que a ideia de uma perspectiva ecológica no plano do pensamento educacional se investe na busca por novos caminhos, que superem dualidades como a que separa escola e contexto, ensino e aprendizagem e, principalmente, distancia professores e alunos. Nessa perspectiva epistemológica da complexidade, o conhecimento se configura no engajamento do sujeito no mundo e, por meio do compartilhamento de experiências e da participação nos processos de construção da sua própria aprendizagem, estimula a percepção de totalidade, de uma ligação que entrelaça os seres vivos, as coisas e os ambientes.

Essa nova forma de perceber e conhecer as relações que, pela sua natureza, provoca a urgência de uma nova educação, pode trazer em si mesma os meios de consegui-la. Retomando a ideia da virada epistemológica, apresentada no capítulo 2, esse movimento cria um engajamento que se configura como um legado: à medida que os ambientes socioculturais e midiáticos forem se transformando, cada geração será capaz de construir novas questões, necessárias para enfrentar os novos conflitos, e aprender com elas.

Possibilitar que os alunos desenvolvam a sua própria aprendizagem, ou sua própria sala de aula, a partir de suas experiências, levando-se em consideração seus contextos de atuação e abordando suas questões individuais e coletivas, pode conduzir a escola a transformar a "sua" trajetória em "nossa" trajetória.

Arquitetura reticular e a sala de aula

No âmbito da comunicação, o interesse de uma perspectiva interativa em rede se iniciou nos estudos que deram origem à cibernética, na década de 1940. Neles, estudiosos de diversas áreas buscaram questionar a representação linear da informação, e passaram a pensá-la como fluxos comunicativos. No campo das ciências sociais e humanas, pesquisadores como Gregory Bateson iniciaram uma discussão sobre como se caracterizam as interações entre os sujeitos e desses com o ambiente a partir do viés qualitativo e sistêmico da comunicação. Com características próprias das ciências sociais e humanas, o ponto de vista de Bateson pode ser considerado como um contraponto à visão determinista da teoria matemática da comunicação[13].

Nessa abordagem, Bateson trabalhou com conceitos como sistema, contexto, mente ecológica/ecologia da mente, entre outros que se configuram como um importante arcabouço para o questionamento de certos sentidos habituais para a interação e para a própria comunicação. Com isso, ele e outros autores, interessados em compreender um sistema por meio da interação dos seus componentes, partiram do princípio de que era necessário deslocar o foco que se concentrava nos indivíduos, para prestar maior atenção aos fluxos dos padrões comunicativos, a fim de perceber como eles são capazes de alterar esse mesmo sistema.

Assim, na perspectiva reticular, o que interessa são as interações. A partir delas, um sistema – seja ele uma pessoa, uma organização ou uma floresta –, está sempre interagindo com outros sistemas. Essa interação faz com que o sistema sofra uma mudança na sua organização. Inserido nesse ambiente mutável, a "saída" que o sistema possui é ser igualmente flexível, e assim se adaptar e se auto-organizar, deixando-se influenciar pelo ambiente e, ao mesmo tempo, influenciando-o. Caso contrário, a tendência é desaparecer.

Retomando o que debatemos na seção anterior, adotar essa perspectiva passa pelo desenvolvimento de uma consciência ecológica. Na escola, ter a consciência ecológica significa considerá-la como um ambiente composto por múltiplas interações. Igualmente, essa perspectiva está ligada a buscar ver, com mais clareza, a existência de uma arquitetura reticular e as transformações ocasionadas pelas

---

13 A teoria matemática da comunicação foi elaborada por dois engenheiros matemáticos, Claude Shannon e Warren Weaver, em 1949. A comunicação é entendida como um processo linear de transmissão de uma mensagem, codificada em um sinal, por um emissor, através de um canal, a um destinatário.

redes digitais. Assim, compreender os princípios que fundamentam a arquitetura reticular será de grande importância para o entendimento da sala de aula como um ecossistema.

Comunicação e cognição: algumas bases para se compreender a arquitetura reticular[14]

Como dissemos anteriormente, para poder alcançar esse debate, é necessário que o campo da educação como um todo, e da didática em particular, assuma o compromisso como uma transformação maior do que simplesmente adotar novas metodologias e buscar práticas inovadoras. Essa compreensão somente será possível se houver aquilo que Bachelard definiu como *ruptura epistemológica*.

O comunicólogo italiano Massimo di Felice (2012) aponta que podemos pensar a arquitetura reticular tanto como uma *arquitetura informativa reticular* quanto como uma *arquitetura cognitiva*. Amparado no pensamento de Bateson, Maturana, Varela e outros, a ideia de uma *arquitetura informativa reticular* é o que possibilita a todos os interagentes comunicarem de modo horizontalizado, dando-lhes o mesmo poder de divulgação e participação. Já na *arquitetura cognitiva*, o foco está na concepção que ampara a produção de sentido, que se dará a partir da experiência incorporada do sujeito no/com o mundo. Informativa e/ou cognitiva, ambas se traduzem em um fluxo sistêmico de interações entre diversos elementos que, por sua vez, estão em contínua comunicação.

Sob a perspectiva de um sistema sujeito-ambiente pautado na retroalimentação, ou seja, no fluxo de informação entre as unidades que o compõem, percebemos a importância de compreender as formas como elas comunicam entre si. A ideia de retroalimentação entende que a interação ocorre através da comunicação e vice-versa. Contudo, será a comunicação a responsável por dar forma ao sistema,

---

14 Algumas partes desta seção foram adaptadas do artigo publicado pelas autoras "A interação como potência comunicativa na escola: um estudo sobre a resolução colaborativa de problemas". *Revista Ação Midiática*, v. 15, p. 149-166, 2018.

ou aos sistemas que integram sistemas, como um todo, e ao ambiente. Por isso, nessa ideia, o modelo linear da comunicação – na qual um emissor (centro) é o responsável por emitir uma mensagem que será captada por um receptor (secundário) – perde sua aparente coerência.

Como exercício na busca por uma visão integrada da comunicação, Bateson sugere que utilizemos, nas descrições dos objetos em interação, a expressão-chave "parte de" (Bateson, 1993, p. 331). Com essa abordagem, o foco incide nas relações comunicativas estabelecidas dentro de um contexto, imerso no ambiente, no qual todos os fenômenos devem ser considerados relevantes para a sua compreensão. Nesse sentido, investigar determinada interação em termos de sistemas, segundo o autor, é sinônimo de uma exposição de relações e padrões comunicativos que ocorrem em um dado contexto de circuitos completos, sendo ele mesmo (o contexto) parte de um sistema em constante troca e, portanto, aberto.

Evidenciado pela circularidade, pela mútua afetação e pela multiplicidade de níveis de interação, será a flexibilidade do sistema – do humano ao tecido social – que lhe garantirá o caráter dinâmico. Dirá Bateson,

> "Contexto" está ligado a outra noção indefinida chamada "significado". Isso é verdade não somente para a comunicação humana através de palavras, mas também para todos os tipos de comunicação, de todo processo mental, de toda mente, inclusive daquela que diz à anêmona-do-mar como e à ameba o que fazer a seguir (Bateson, 1986, p. 23).

Em um sentido geral, a epistemologia ecológica de Bateson buscou expandir a mente, centrando suas investigações da comunicação dentro dos processos evolutivos, seja dos humanos ou da ameba. Com esse interesse, a comunicação imersa em um contexto tem como papel principal ser a "cola" (Samain, 2004), ou o padrão que liga (Bateson, 1986) à estrutura reticular os seres vivos, além de ser o ambiente para a produção e a troca de significado.

Com sua abordagem ecológica, Bateson (1986) propôs uma forma de pensamento sistêmico e relacional que extrapolasse os limites individuais na construção e disseminação do conhecimento. Uma maneira de conhecer que, para ele, não é nova, não sendo nada mais do que uma característica dos seres vivos. Capaz de superar a visão cartesiana e a separação corpo/mente, na sua concepção de ecologia da mente, a mente não está encerrada dentro do cérebro, está nas relações e se expande provocando transformações tanto no ambiente quanto no sistema que, ao mesmo tempo que emite uma mensagem, também recebe. Esses são movimentos que evidenciarão a interdependência sistema-ambiente, e sua arquitetura reticular.

Tanto o pensamento de Bateson como de outros autores ligados à cibernética vão fundamentar, ainda em meados da década de 1960, a construção de sistemas-ambientes "artificiais" configurados como arquitetura informativa reticular. O caso mais expressivo é a criação da Arpanet, precursora da Internet que conhecemos e utilizamos hoje (Di Felice, 2012). Observando as características consideradas singulares dessa nova arquitetura reticular, perceberemos que ela reverbera, tecnologicamente, os conceitos preconizados no pensamento de Bateson. Entre elas, estão: a superação da estrutura de comunicação linear (emissor-receptor), a ausência de um centro responsável por disseminar a informação, a expansão do acesso e da divulgação das informações e, sobretudo, a conformação de uma arquitetura informativa reticular – que se aproxima ao modelo de comunicação orquestral (Bateson, 1977, 1993), como explicamos no começo deste capítulo.

Outra referência importante para a consideração das arquiteturas reticulares no interesse da educação e da didática diz respeito à cognição. Retomando o pensamento de Maturana e Varela (2001), a cognição não pode ser considerada como o resultado de um acontecimento interno de um ecossistema, bem como não representa o resultado de uma realidade externa. Circular, um sistema de aprendizagem acontece por meio de um processo de constante retroalimentação, no qual um organismo vivo responde aos estímulos do ambiente alterando-se, e, a partir de tais alterações, altera seu comportamento.

Na consideração dos autores, o ser vivo possui uma estrutura inicial com a qual estabelecerá diversas interações com o ambiente que, por sua vez, também apresenta uma dinâmica própria. Nessa interação marcada pelas perturbações mútuas, será a reciprocidade entre organismo e ambiente a responsável pelas mudanças em suas estruturas sem que essas percam sua organização. Dessa forma, a concepção de *acoplamento estrutural* está intimamente ligada à ontogenia do ser vivo.

A estrutura pode ser entendida como "os componentes e relações que constituem concretamente uma unidade particular e configuram sua organização". Nesse caso, a organização são "as relações que devem ocorrer entre os componentes de algo, para que seja possível reconhecê-lo como membro de uma classe específica" (Maturana e Varela, 2001, p.54). Com essa ideia, Maturana e Varela questionam a concepção de representação, ou seja, a formulação que aponta o sistema nervoso como um canal onde os organismos captam informações do ambiente para a construção do mundo. Com a ênfase na interação, e na ideia de expansão do sistema nervoso, os autores dirão que,

> [...] por um lado, podemos considerar um sistema no domínio de funcionamento de seus componentes, no âmbito de seus estados internos e modificações estruturais. Partindo desse modo de operar, para a dinâmica interna do sistema o ambiente não existe, é irrelevante. Por outro lado, também podemos considerar uma unidade segundo suas interações com o meio, e descrever a história de suas inter-relações com ele. Nessa perspectiva – na qual o observador pode estabelecer relações entre certas características do meio e o comportamento da unidade – a dinâmica interna desta é irrelevante [...]. Tomaremos consciência dessas duas perspectivas e as relacionaremos num domínio mais abrangente por nós estabelecido. Dessa maneira não precisamos recorrer às representações nem negar que o sistema nervoso funciona num meio que lhe é comensurável, como resultado de sua história de acoplamento estrutural (Maturana e Varela, 2001, p. 150-151).

A perspectiva levantada pelos autores de uma cognição não apenas interna ao homem, situada no cérebro, abre o caminho para os conceitos de mente corporificada e de cognição fundamentada em ações corporais, de inspiração fenomenológica. Para o filósofo francês Maurice Merleau-Ponty (1996), por exemplo, o espaço entre o eu e o mundo não seria um espaço de separação e distância, mas um espaço de continuidade e circularidade. Assim, o mundo não é apenas um objeto a ser acessado através do conhecimento e do pensamento: é o cenário natural dos pensamentos e percepções humanas. Heidegger e Husserl, cujas ideias fundamentam a teoria de Merleau-Ponty, já haviam enfatizado o contexto pragmático e incorporado da experiência humana, tanto em seus aspectos reflexivos quanto em seus imediatos e vividos. O reconhecimento da presença do corpo nos processos cognitivos resolve o paradoxo enfrentado pelo homem em sua reflexão sobre o mundo:

> Nós refletimos sobre um mundo que não é feito, mas encontrado, e é também nossa estrutura que nos permite refletir sobre esse mundo. Assim, na reflexão, nos encontramos em um círculo: estamos em um mundo que parece estar lá antes do início da reflexão, mas esse mundo não está separado de nós (Varela et al., 2003, p. 3).

Apesar das diferenças, sobretudo em relação ao foco de Bateson, explícito na comunicação, a concepção deste com a de Maturana e Varela têm em comum a ideia reticular do processo de aquisição de conhecimento. Mais especificamente, a estrutura interacional e em rede proposta pelos autores é atravessada por características comuns como a não linearidade, a circularidade, a não centralidade, a aleatoriedade. Além dessas, a concepção de que somos parte de um ecossistema de modo ativo, e não apenas como observadores, também marca a compreensão da arquitetura reticular.

No nosso interesse, a importância da concepção da arquitetura reticular – informacional e cognitiva – está na sua possibilidade de delinear novas maneiras não só de explicar, mas de pensar a complexidade e suas qualidades de conexão social na contemporaneidade. Para tanto, é preciso converter a estrutura em rede no interesse de um pensar sistêmico que abarque o social, como veremos a seguir.

O pensar sistêmico no âmbito educacional

No caso específico da educação, chamamos a atenção para a adoção dessa perspectiva sob o viés pedagógico e didático, articulados à constituição dos problemas de forma dinâmica, ou seja, não os atribuindo unicamente às pessoas em causa – professor ou alunos – seja em uma organização (como a escola) ou em determinado grupo. Para tal, consideramos que o sistema de interação composto pelos sujeitos na escola se constitui como um todo que também inclui as tecnologias digitais.

> A expectativa é a de que, a partir da metáfora do conhecimento como uma rede, um amplo espectro de ações docentes possa ser redesenhado, envolvendo tanto as atividades didáticas em sentido estrito, como as que se referem aos processos de avaliação, ao planejamento, à organização curricular, à utilização de tecnologias educacionais, entre outras (Machado, 2002, p. 32).

A análise da prática pedagógica tradicional apresentada pelo professor Nilson Machado elucida alguns pontos críticos fundamentais, com respeito à possibilidade de se criar uma arquitetura reticular em sala de aula e entender o conhecimento como rede de significados. Primeiramente, o autor aponta que a abordagem hegemônica em pedagogia é a que conduz do abstrato ao concreto. As abstrações, ressalta Machado (2002, p. 41), não podem ser consideradas nem um ponto de chegada nem um ponto de partida: "elas situam-se no meio do processo; constituem mediações necessárias, nunca início ou fim. Conscientemente ou não, a realidade concreta situa-se sempre no limiar dos processos cognitivos; o conhecimento nasce do real e a ele se dirige permanentemente". Por isso, continua o autor, para alcançar o conhecimento a pura e simples transmissão de informação não é suficiente. É preciso estabelecer conexões entre as informações, processá-las e organizá-las em sistemas, em constante processo de articulação simbiótica entre discurso pedagógico, ação pedagógica e concepção de conhecimento. Planejar uma aula seguindo uma concepção de conhecimento como uma teia de nós e relações significativas, por exemplo, teria por resultado a escolha de poucos temas, selecionados com base em sua possibilidade de articulação, agregação e catálise. Especializações temáticas, afirma Machado (2002, p. 161), são muitas vezes excessivas e quase sempre precoces, não favorecendo a compreensão dinâmica das relações entre as partes e o todo.

No nível das atividades didáticas, a ideia de arquitetura reticular da sala de aula implica lançar mão de instrumentos úteis em termos de síntese de conteúdos e de articulações inéditas, para uma compreensão das inter-relações nodais entre significados. A metáfora é, segundo o autor, o instrumento cognitivo mais propício para desencadear processos associativos que se tornam conhecimentos.

A educação se reapropriando do discurso pedagógico[15]

Os discursos sobre tecnologias, metodologias e uma retórica focada na centralidade do sujeito que aprende ocupam o debate atual da educação. Destaca-se a distância geracional entre professores migrantes digitais e alunos nativos, acostumados a lidar com a cultura do nosso tempo e a obsolescência de uma escola incapaz de responder às demandas sociais. Assim, técnicas de ensino "inovadoras" propõem-se como soluções para a crise da escola, sem, contudo, problematizar a especificidade do contexto em que a ação educativa ocorre e a relação de dependência/autonomia que o sujeito tem com o ambiente em que está imerso.

Já vimos como essa perspectiva é possível somente se adotarmos uma abordagem ecológica para os problemas que definem a crise da escola. Trata-se de operar um esforço epistêmico que considere a complexidade dos temas da educação e suas interconexões. Ainda não há indicações claras de metodologias capazes de dar conta desse desafio, mas existem tentativas de criar caminhos alternativos

---

15 Algumas partes desta seção foram adaptadas do artigo publicado por Lyana T. de Miranda, "Sala de aula 'expandida': *multiliteracies*, múltiplas linguagens e multissensorialidades no uso das tecnologias móveis pelas crianças na escola". *Revista Educação On-line*, n. 28, p.83-107, ago-dez 2018.

à educação pautada no paradigma moderno de ciência e de conhecimento cientifico.

Para quem estuda a relação entre TIC e educação, isso implica tirar o foco das técnicas e das responsabilidades e concentrar a atenção investigativa na cultura e no ambiente imersivo que as tecnologias digitais criam com sua presença em nossas vidas. Quanto à didática e sua necessidade de se reinventar, frente à cultura digital, acreditamos que é preciso um exercício de humildade para admitir que não se conhece o fruto da ação pedagógica empreendida e, ao mesmo tempo, da coragem de experimentar caminhos tortuosos e sem ponto de chegada predefinido (Pischetola, 2018b).

Em uma perspectiva sistêmica, toda ação, afirma Morin (2011, p. 81), escapa às intenções do indivíduo que a empreende: "a ação supõe a complexidade, isto é, acaso, imprevisto, iniciativa, decisão, consciência das derivas e transformações".

> A palavra estratégia se opõe a programa. Para as sequências integradas a um meio ambiente estável, convém utilizar programas. O programa não obriga a estar vigilante [...]. Não há de um lado um campo da complexidade, que seria o do pensamento, da reflexão, e de outro o campo das coisas simples, que seria o da ação. A ação é o reino concreto e, às vezes, vital da complexidade (Morin, 2011, p. 81).

Isso não significa, porém, que a ação didática esteja deixada ao acaso ou à falta de planejamento. A diferença está em pautar uma ação em uma estratégia, em vez de um programa. A estratégia, continua Morin, permite iniciar uma ação a partir de uma decisão, prever um número de cenários possíveis e modificá-los conforme as informações que a situação apresenta e segundo os imprevistos que alteram a própria ação. Essa ideia é muito próxima do conceito de reflexividade do professor, caro à literatura da área de educação das últimas décadas.

Consideramos, aqui, a reflexão como processo não dissociado da própria ação, como elemento que unifica a mente, o corpo e o ambiente. Nas palavras de Varela e colaboradores (2003, p. 27, tradução nossa):

O que estamos sugerindo é uma mudança na natureza da reflexão de uma atividade abstrata, sem corpo, para uma reflexão incorporada (consciente) e aberta. Por corporificado, queremos dizer reflexão em que corpo e mente foram reunidos. O que essa formulação pretende transmitir é que a reflexão não é apenas sobre a experiência, mas a reflexão é uma forma de experiência em si.

O reconhecimento da complexidade da educação não justifica a inatividade, a frustração e a insegurança que os professores experimentam frente aos novos cenários da cultura digital. A consciência da complexidade pode ser o motor para a ação verdadeiramente inovadora, a ação que não se pauta em técnicas e modelos preestabelecidos, mas se inspira em ideias alheias procurando sempre sua aplicação situada.

Cabe ressaltar dois aspectos, quando pensamos no uso das TIC no ambiente escolar como mediadoras do processo de ensino e aprendizagem e para além da instrumentalização. O primeiro está relacionado ao entendimento de que as pessoas criam e negociam suas relações com os outros, a cada vez que elas interagem e se comunicam. Já o segundo diz respeito à percepção dos relacionamentos contínuos como uma coevolução, que se dá por meio de palavras, gestos, movimentos corporais e comportamentos trocados durante a interação, ou seja, no contato com o outro e com o ambiente.

Para Bateson (1972), a coevolução é a capacidade de modificação, de forma relacional e recíproca, que ocorre na interação entre os sistemas. Nesse sentido, ela envolve, principalmente, uma transformação recursiva dos sistemas e desses com o seu ambiente – que é atuante e opera como uma entidade da interação, da mesma maneira que o organismo (sujeito) que o ocupa. Trazendo a questão para o interesse da didática, concordamos com Rossi (2011), quando considera *a sala de aula como um sistema*, "lugar" privilegiado, no qual a coevolução se configura em uma mútua afetação, que tem implicações no conhecimento e na aprendizagem.

A seguir, propomos três caminhos didáticos que consideram a sala de aula como um ecossistema. Trata-se de ideias abertas, que possivelmente inspiram os professores a entrender ações pedagógicas ao mesmo tempo humildes e corajosas. São elas: a pedagogia dos multiletramentos, o método do inquérito e a didática enativa. As três propostas compõem o que definimos como didática situada.

A pedagogia dos multiletramentos

A preocupação sobre a presença das tecnologias, bem como dos novos processos comunicativos na educação sob a perspectiva cultural contemporânea, já produziu importantes reflexões em diferentes campos e áreas de pesquisas internacionais. Nesse percurso, a ideia de *multiletramentos*, cunhada por um grupo norte-americano de especialistas em educação e educadores, denominado New London Group, ainda na década de 1990, é considerada uma concepção pioneira. Sua contribuição está, entre outros aspectos, em detectar a necessidade de ampliar a definição de letramento para incluir a diversidade cultural e linguística amparada pela multiplicidade de canais de comunicação. Como fazer? O que os estudantes precisam saber? O que os professores precisam aprender? O que é preciso mudar no seu fazer didático? As respostas a essas dúvidas são, na perspectiva da pedagogia dos multiletramentos, *construídas em ato*, ou seja, nas práticas pedagógicas propostas quando se busca construir um processo de ensino e aprendizagem significativo.

Tomando a escola como um sistema que é parte de um ecossistema mais amplo, compreendemos que os multiletramentos se destinam não só ao público escolar (professores, estudantes, familiares etc.), como ao próprio ambiente e ao entorno da escola. Assim, o foco na interação e o entendimento de que as práticas situadas, que ocorrem nos processos de ensino e aprendizagem, e que são construídas em ato, nos auxiliam a perceber que os sujeitos constroem seus conhecimentos de maneira ativa, e não como meros receptores de informação. Os alunos não são destinatários passivos no trato pedagógico, mas designers do seu próprio aprendizado e da realidade da qual são parte, ou seja, "construtores de sentido" (Cope e Kalantzis, 2011). A perspectiva de uma aprendizagem por design sinaliza para a mudança de pensamento sobre como crianças e jovens constroem, mobilizam e comunicam os significados mediados pelas TIC, e suas próprias identidades, nas diversas comunidades das quais são parte.

De forma simples, a pedagogia dos multiletramentos pode ser compreendida na resposta a três questões que refletem novos modos de inserção da própria pedagogia: por quê? o quê? como?. Por que uma nova pedagogia? O que ela propõe? Como fazer? Vamos às respostas. Podemos pensar que a pedagogia dos multiletramentos é relevante porque diz respeito às transformações sociais e culturais. Para tanto, ela se pauta na ideia de que a educação contemporânea deve se esforçar para propor e abarcar um processo de ensino e aprendizagem que considere o sujeito que aprende como um designer, capaz não só de compreender, mas de construir, produzir, compartilhar e transformar os significados.

Nesse desafio de desenhar novos futuros sociais (Cope e Kalantzis, 2000), é que a pedagogia dos multiletramentos amplia o espaço da escola e considera as dinâmicas socioculturais que ocorrem tanto dentro quanto fora dela. Essa consideração nos leva a questionar o que há de novo nessa abordagem. Seu diferencial está em acentuar a dimensão dos alunos como designers de significado. Nesse movimento de construção e reconstrução de significados, o "como?" está refletido na consideração do lugar dos professores, que "são vistos como designers de processos de aprendizagem e ambientes, não como chefes ditando o que aqueles sob sua responsabilidade devem fazer" (New London Group, 1996, p.19).

Com essa ressalva de que o professor não está, na pedagogia dos multiletramentos, no centro do saber, o que sobressai é uma perspectiva sistêmica do processo de ensino e aprendizagem, admitida quando o posicionamento epistemológico do grupo se pauta na constatação de que "o nosso ponto de vista sobre a mente, a sociedade e o aprendizado é baseado no pressuposto de que a mente humana é incorporada, situada e social" (Cope e Kalantzis, 2000, p.30). Assim, de maneira circular, os educadores norte-americanos

Bill Cope e Mary Kalantzis (2000) – integrantes do New London Group e entre os fundadores da pedagogia dos multiletramentos – sugerem que é papel do ensino seguir o curso das transformações sociais de maneira a situar a prática, "mas agora como re-prática, de forma que a teoria se torne em uma prática reflexiva" (idem, p. 35).

Com esse entendimento, a pedagogia dos multiletramentos é composta por uma combinação de quatro fatores, quais sejam: (1) Prática Situada; (2) Instrução Aberta; (3) Enquadramento Crítico e (4) Prática Transformada.

Vale ressaltar que a aprendizagem por design é eminentemente prática, e abarca processos de conhecimento que envolvem quatro ações: experienciar, conceitualizar, analisar e aplicar. Essas etapas – que se configuram mais como movimentos dinâmicos do que como um percurso rígido e linear – se baseiam nos quatro fatores que compõem a pedagogia dos multiletramentos, mencionados acima, e auxiliam nas orientações curriculares que buscam uma pedagogia situada. De forma breve, as quatro ações podem ser assim definidas:

- Experienciar: se relaciona com a ideia da pedagogia como uma Prática Situada que busca construir relações entre a prática didática e a experiência tanto do aluno – tematizando seu cotidiano, explorando e valorizando suas experiências e interesses pessoais – quanto do professor, que vai acrescentando um saber teórico à vivência das crianças.
- Conceitualizar: envolve o desenvolvimento de conceitos generalizados e abstratos e de uma síntese teórica desses conceitos. Ligada ao entendimento da atividade pedagógica como uma Instrução Aberta, ao conceitualizarem, os alunos são incitados a tirarem suas próprias conclusões acerca de um determinado fenômeno ou acontecimento, sem uma interferência direta do professor. Assim como na ação de experienciar, o professor pode auxiliar os alunos a criar um conceito por teorização, ou seja, a construir uma base conceitual na qual podem se amparar para, posteriormente, analisarem o fato estudado.

- Analisar: envolve a exploração dos elementos que constituem ou estão envolvidos no funcionamento de algo. Baseado no Enquadramento Crítico da pedagogia dos multiletramentos, a análise crítica se constrói na observação, delimitação e reflexão sobre as características de um conteúdo, assunto ou acontecimento. Assim, além de considerar os fenômenos passivamente, os alunos buscarão compreender as escolhas e as intenções ali investidas.
- Aplicar: diz respeito à intervenção ativa do jovem no mundo. Espera-se que os alunos apliquem os conhecimentos não só no ambiente da escola, mas que sejam capazes de adaptar esse novo conhecimento a outros contextos e situações, construindo novos significados e destinando novas funções. Alinhada com a perspectiva de uma Prática Transformada, cabe ao professor complementar e enriquecer os processos de aprendizagem, ou seja, ele não deve esperar um resultado preciso, mas sim previsto. Com isso, ele permitirá que os alunos mobilizem os seus conhecimentos de forma criativa.

O reconhecimento dessa diversidade é fundamental para que possamos ultrapassar a ideia de que existe uma metodologia única, ou um só modelo capaz de definir os processos e caminhos para o estabelecimento da comunicação e para a construção da realidade, do conhecimento, bem como dos processos didáticos. Ou, ainda, que existe apenas uma corrente de pensamento, um lugar do saber, e um único espaço detentor de um só grupo de verdades – todos situados dentro da sala de aula. O entendimento que sobressai desses conceitos é, de forma breve, que tanto o saber quanto o ensino devem ser considerados não como ações formuladas "dentro das cabeças" das pessoas, mas como dinâmicas que ocorrem no interior de um contexto sociocultural.

Essa é uma implicação que requer um conhecimento que vai além do saber ler e escrever. Nesse sentido, conhecer e considerar o contexto no qual estão imersos os sujeitos, nos auxiliam a compreender como interpretam, negociam e agem de acordo com as normas e valores ali instituídos. Ou seja, como constroem seus letramentos, que não se restringem à leitura e à escrita, são múltiplos e se relacionam intimamente à experiência situada no/com o corpo (Bannell et al., 2016; Gee, 2004).

Ao propor a pedagogia dos multiletramentos sob uma abordagem socioculturalmente situada, Gee (2004)[16] indica que há um entrelaçamento entre as diferentes formas de saber e o contexto, que influi nas diversas maneiras de agir, interagir e, ainda, nas distintas formas de usar as tecnologias. Com esse entendimento, ele demonstra que, assim como ocorre, por exemplo, com o texto escrito, os sujeitos não só se envolvem como significam as TIC de maneiras diferentes.

O método do inquérito (ou pedagogia da pergunta)[17]

Um dos temas que mais angustiava Paulo Freire nas campanhas de alfabetização era o silêncio dos alunos: como lida a voz do professor, com esse silêncio? Há vários tipos de silêncio, comenta Freire (1985), e seria ingênuo pensar que todo silêncio significa desinteresse, pois pode se dizer muito sem precisar falar. Ao mesmo tempo, em uma situação de ensino e aprendizagem não existe um momento predeterminado de fala e de silêncio, como se o aluno precisasse falar somente quando for interpelado pelo professor, ou seja, quando o professor decidir que é o momento para a fala do aluno. O desafio estaria então em instigar o aluno a buscar sua própria voz, enquanto o professor, pouco a pouco, cria espaço para o aluno aumentando gradativamente o seu silêncio. Isso acontece quando o aluno desenvolve não apenas seu pensamento crítico, mas também e sua vontade de compartilhá-lo.

---

16 O linguista norte-americano James Paul Gee também fez parte do chamado New London Group e, também, é um dos fundadores da pedagogia dos multiletramentos.

17 O texto desta seção foi adaptado do artigo publicado por Magda Pischetola "Perguntas: mobilizando uma metodologia ativa". *Revista Novamerica*, número 161, p. 34-38, janmar 2019.

Uma vez conquistado um espaço de fala, o aluno precisa ir além. Pois, acontece, afirma Freire, que o aluno faz perguntas, mas não conhece a real motivação por perguntar. Trata-se da expressão de um desejo de ouvir a sua própria voz, de saber que ele tem uma voz, e de um pacto tácito que existe com o professor e que demonstra que, ao fazer perguntas, o aluno está prestando atenção na aula. Isto é, trata-se de uma *convenção* da situação de sala de aula. Portanto, para além de buscar a sua própria voz, o aluno precisa também de ir ao encontro da sua própria curiosidade.

> Eu diria que nos tornamos seres humanos na medida em que, ao fazer as coisas, ao transformar o mundo que não criamos, somos capazes de criar outro mundo. Todas essas práticas criam algo que chamamos de curiosidade. Talvez pudéssemos dizer que os humanos são seres curiosos, mas devemos estar cientes de que, apesar de curiosos, precisamos criar as condições concretas da história para continuar curiosos (Freire, entrevistado por Bruss e Macedo, 1985, tradução nossa).

Sem curiosidade, pergunta o educador, como enfrentaríamos os desafios sociais? Sem curiosidade, como seria possível ler e entender em profundidade as palavras do texto, para além de decorar o que está escrito? A curiosidade é o pressuposto da alfabetização e da própria aprendizagem. É ela que leva o aprendiz a ir além do conhecimento de senso comum, que de qualquer forma representa sempre o ponto de partida para o processo de aprendizagem. Ela se expressa em formato de perguntas.

Sabemos que a escola é um lugar de respostas, mais do que de perguntas. Reprime-se a capacidade de perguntar, diz Paulo Freire, porque a pergunta tem uma natureza desafiadora e, portanto, tende a ser considerada como provocação à autoridade do professor: o educador autoritário tem medo da pergunta, pois, teme a resposta que deve dar. Muito menos arriscado é seguir o caminho das respostas. Mas Freire vai além e questiona: "o que significa mesmo perguntar?" (Freire e Faundez, 1985). É o hábito, a virtude de se espantar frente ao desconhecido, é a abertura para o erro, o risco que é parte essencial do conhecimento. Por isso, afirma o autor, por quanto ingênua ou mal formulada, nenhuma pergunta pode ser desrespeitada pelo educador. Ao contrário, ele pode ajudar o aprendiz a melhor perguntar e, assim, desenvolver seu processo de aprendizagem, buscando novas perguntas coerentes e estimulando a relação entre a pergunta e a ação/experiência que a provocou. Nessa perspectiva, "agir, falar, conhecer estariam juntos" (Freire e Faundez, 1985, p. 26).

A pedagogia da pergunta de Paulo Freire aproxima-se da proposta de Neil Postman e Charles Weingartner no livro, já citado anteriormente, *Contestação – nova fórmula de ensino,* de 1969. Nesse texto, os autores propõem considerar a sala de aula de forma ecológica, entendendo, como McLuhan, que "o meio é a mensagem". Nessa perspectiva, o ambiente da sala de aula, sua estrutura, sua organização, suas regras são determinantes para os alunos, que aprendem mais pelo *método* de ensino do professor do que pelos *conteúdos* apresentados. Assim, o aforisma de McLuhan poderia ser traduzido na educação como "o método é a mensagem".

E o que aprendem os alunos no modelo de escola tradicional? Os programas escolares são "histórias contadas por outrem" (Postman e Weingartner, 1978, p. 47) e a organização prevê um emissor e um receptor da história. Os autores propõem que essa situação seja revertida pelo *método do inquérito,* uma metodologia de ensino e aprendizagem fundamentada nas perguntas. Seu objetivo primário é a criação de enredos personalizados, histórias que os alunos contam sobre o que pesquisam e procuram conhecer. As implicações políticas de tal método são extremamente arriscadas, afirmam Postman e Weingartner, sendo que não é possível prever para onde vai a aprendizagem, uma vez que um aluno é incentivado a pensar.

> Convém não esquecer que a finalidade do método do inquérito é ajudar os que estão aprendendo a aumentar a sua competência *como aprendizes.* Espera realizá-lo, fazendo que os estudantes sejam aprendizes eficientes. [...] Os bons aprendizes são sistemas nervosos vivos, palpitantes, curiosos, observadores, receosos, afetuosos e falantes, mas são bons

aprendizes precisamente porque acreditam e *fazem* certas coisas que os aprendizes menos eficientes não acreditam nem fazem. E aí é que está a explicação fundamental (Postman e Weingartner, 1978, p. 49).

Reconhecemos, na visão dos autores, a relação intrínseca, já apontada por Freire, entre pergunta e ação: os bons aprendizes são os que não temem errar e confiam em sua capacidade de aprender, relacionando teoria e prática constantemente. Ora, é nas atitudes dos professores que se encontra, segundo Postman e Weingartner, o nó focal da inovação pedagógica. Assim, o professor adepto ao método do inquérito raramente diz aos alunos o que eles deveriam saber; sua forma de comunicação é o debate e o diálogo; não aceita uma única resposta como "certa", porque sabe que as respostas tidas como "certas" não desenvolvem novos pensamentos.

O professor de inquérito incentiva a interação entre estudantes, é sempre cauteloso na definição dos limites da aprendizagem, considerando-a sempre como um processo, em lugar de o resultado de um processo. Procura entender as reações autênticas dos alunos frente aos temas tratados: as formas como um problema é percebido, elaborado, resolvido. Nessa perspectiva, o ambiente escolar se torna um lugar de encontros humanos, em que não há uma clara distinção entre "ensinar" e "aprender".

Finalizando, trazemos uma citação de Canário (2006, p. 25):

> Sem informação não há conhecimento. Contudo, sabemos que as operações de estabelecimento de conexões entre diferentes tipos de informação prevalecem largamente sobre as operações de armazenar a informação, ou seja, de simples memorização. Por fim, sabemos que este trabalho de aprendizagem tem como ponto de partida uma pergunta.

Em uma perspectiva ecológica e sistêmica, a pergunta está no centro do processo de retroalimentação, entre sujeito e sujeito e entre sujeito e ambiente.

A pergunta incentiva não apenas a reflexão, como processo de experiência e de junção entre ação e percepção, mas também a intenção do sujeito, que pela pergunta se posiciona criticamente frente ao sistema de relações em jogo no ambiente.

É o que permite a mobilização de informação entre os nós da rede e a coevolução do sistema sala de aula e todos os seus componentes.

A didática enativa

Como vimos, propor que a escola assuma uma arquitetura reticular – marcadamente interacional e ativa – significa considerar a diversidade como parte fundamental do sistema, e não uma questão menor, ou incômoda. Isso passa por conceber a singularidade de cada aluno sem tentar reduzir a multiplicidade que sublinha as relações entre sujeitos e ambiente – uma das características mais importantes de uma nova forma de ensino que se paute na perspectiva ecossistêmica. Nesse cenário, o esforço está em considerar as particularidades e diferenças individuais (econômicas, políticas e socioculturais) sem, contudo, focar-se somente em suas diferenças.

Com isso, a abordagem enativa busca abraçar a diversidade, tomando-a como fonte de enriquecimento para a criação do conhecimento, que é "incarnado", situado e compartilhado. Isso significa considerar que a construção *do conhecimento* depende do tipo de experiência que decorre da posse de um corpo que possui diferentes habilidades sensório-motoras e são incluídas em um contexto biológico, psicológico e sociocultural mais amplo. Apesar de a combinação de enativismo e ensino ainda não ter sido estudada em profundidade, buscaremos aqui delinear suas características essenciais de modo a enfatizar como, através de uma "lente enativa", é possível observar a dinâmica relacional e de aprendizagem na perspectiva ecossistêmica – na qual a diferença é uma possibilidade, e não um obstáculo.

Mas o que é enação e por que ela é importante para a didática?

Considerada como um desdobramento da concepção de autopoiese, cunhada por Maturana e Varela nos anos 1970, a teoria da enação, ou teoria enativa, tem em seu sentido central o entendimento da cognição como um processo incorporado e coletivo. Para Varela, Thompson e Rosch (2003) o conhecimento se produz na experiência incorporada *com* o mundo, e não na representação ou codificação deste. Ou seja, a produção de sentido e conhecimento acontece quando estabelecemos uma ação sensório-motora *com* o ambiente, nos acoplando àquilo que nos cerca. Ao enfatizar a relação existente entre a ação e a produção de conhecimento, levando em consideração as interferências do meio, esse ponto de vista distancia, propositalmente, a enação dos estudos cognitivistas, que se pautam em uma perspectiva representacional, e construtivistas, centrados no indivíduo.

Ao chamar a atenção para uma cognição ativa e vivida, nessa perspectiva a percepção e a ação são essencialmente inseparáveis. É neste sentido que, segundo o nosso ponto de vista, a teoria enativa se torna relevante para a educação. Ao considerar que a cognição não pode ser tomada como uma mera resolução de problemas por meio de representações, mas sim como a emergência na criação de um mundo, a educação se configura como uma ação comum pela qual todos são responsáveis.

Trazendo a teoria enativa para a didática, o educador italiano Pier Giuseppe Rossi toma a concepção de acoplamento estrutural – interações que desencadeiam mudanças na estrutura de um determinado sistema – como base para uma didática enativa. Segundo Rossi, a teoria enativa assume dois aspectos quando associada à formação humana: um relacionado à centralidade da ação, e outro à consideração da sala de aula como um sistema. No primeiro, a base na teoria da ação considera que o sujeito e o ambiente se transformam durante a ação, o que faz com que essa mudança seja a base do conhecimento construído mutuamente. Desta maneira, "o conhecimento se transforma durante a transformação recíproca que vem da ação" (Rossi, 2011, p. 82). Nesse caso, como uma mútua afetação que tem implicações no conhecimento e na aprendizagem, tal ação se configura em uma coevolução.

A segunda definição que Rossi apresenta diz respeito à transformação da sala de aula em um sistema, um *sistema-sala de aula*.

Nesse caso, como um contexto que se abre ao acoplamento estrutural, a sala de aula como sistema atua como um *trigger*, ou um gatilho. Ou seja, o ambiente estimula a aprendizagem, a ação e a construção do significado situado. Para tanto, o professor italiano ressalta que "o sistema-sala de aula se transforma durante a ação didática [...] segundo a sua própria regra e em função da sua estrutura que não é uma simples somatória de componentes" (Rossi, 2011, p. 83).

Um princípio essencial do modelo enativista na educação é o fornecimento de múltiplas perspectivas sobre qualquer problema. A experiência de ocupar diferentes papéis e considerar diferentes opções, bem como a negociação e renegociação constante dos relacionamentos, permite explorar os padrões recorrentes que conectam os acenos do sistema e entender mais profundamente a origem do problema em si.

Assim, na perspectiva enativa da didática, é preciso ter claro que o ambiente não produz uma mudança mecânica no sistema-sala de aula, isto é, as regras e os elementos do ambiente não são determinantes para a organização do sistema. Nesse sentido, e como já debatemos anteriormente, somente a inserção das tecnologias na sala de aula não será responsável pela mudança na didática. A transformação, que ocorre durante a ação didática, acontece por meio dos relacionamentos que conjugam mudanças no ambiente e no estado atual das instalações escolares. É nesse sentido que, com base na teoria enativa, a ação didática em si não produz conhecimento. Ela é o próprio conhecimento.

Propostas para uma didática situada

Este último capítulo apresenta três relatos de práticas pedagógicas oriundas de nossa atuação e pesquisas empíricas. Cabe sinalizar que não há pretensões de modelização dessas práticas para futura aplicação em outros contextos pedagógicos. Apenas, a intenção de exemplificar o que foi exposto no capítulo anterior em termos teóricos. Concretamente, como podemos operacionalizar a pedagogia dos multiletramentos, o método do inquérito e a didática enativa? Seguem algumas ideias para diferentes segmentos da educação.

A pedagogia dos multiletramentos nas séries iniciais

Ao nos pautarmos em um paradigma ecológico e sistêmico, escolhemos realizar um trabalho com crianças utilizando as tecnologias móveis na perspectiva da pedagogia dos multiletramentos. Para que pudéssemos abarcar nas propostas didáticas, o aprendizado por design, característico desta pedagogia, nos pautamos por atividades que explorassem as múltiplas linguagens e as multissensorialidades em diálogo com o cotidiano sociocultural e escolar.

As propostas apresentadas nesse tópico são fruto de uma pesquisa realizada com crianças de 8-9 anos, de uma turma de terceiro ano do ensino fundamental, em uma escola pública da cidade de Florianópolis, Santa Catarina. Vale lembrar que, na pedagogia dos multiletramentos, as escolhas didático-pedagógicas consideram as tecnologias como aliadas da prática do professor. Ou seja, seu uso não deve ser o foco e, menos ainda, o propósito das atividades.

Aproximando-nos da concepção de que as crianças são designers de significado, a sequência didática foi planejada em conjunto com a professora da classe, de forma a observar as possibilidades de mediação e a fim de propor uma reflexão sobre o contexto já vivenciado pelas crianças. Com isso, priorizamos a construção de novos conhecimentos amparados na mobilização de conhecimentos prévios. Para tanto, utilizamos diversos suportes e formatos (fotografia, audiovisual, áudio, escrita, imagética, tátil etc.), e expandimos a sala de aula para além da escola, abarcando também o bairro.

Com o foco na aprendizagem por design, buscamos ressaltar nas atividades os processos de conhecimento que envolvem experienciar, conceitualizar, analisar e aplicar. Para facilitar a visualização da sequência didática, optamos por apresentá-la em um quadro que demarca as atividades, detalha sua realização, mostra os materiais utilizados e as ações de aprendizagem. Vale lembrar que as quatro ações de aprendizagem propostas pela pedagogia dos multiletramentos não são estanques, e nem se deve buscar que elas ocorram de maneira separada. A nossa intenção ao apresentá-las no quadro é a de salientar as possibilidades, e não destacá-las umas das outras.

Atividade	Descrição	Materiais	Ação de conhecimento
1. Aula-passeio	A turma percorreu o caminho da escola ao bairro vizinho, região na qual a maioria dos estudantes mora, observando algumas intervenções do homem na paisagem como construções, placas de sinalização e desmatamentos, suas vantagens e problemas. Os estudantes registraram o percurso com o auxílio da câmera presente em dois laptops, que eram divididos entre eles.	Laptops; câmera digital; celular	Experienciar; Analisar
2. Reconhecendo o caminho	A proposta foi um "passeio virtual", com o auxílio das imagens registradas pelos alunos e professores, no qual rememoraram o caminho, os obstáculos e as curiosidades. Como tarefa, sentaram-se em duplas em frente aos computadores da sala informatizada para escrever um pequeno texto sobre uma imagem que eles acharam interessante, relatando o que mais lhes chamou a atenção no caminho.	Data show; computadores da sala informatizada	Analisar; Conceitualizar; Aplicar
3. Preparando as entrevistas	Organização sobre a realização da entrevista com pessoas que habitam o bairro desde crianças. Como o gênero já havia sido trabalhado pela professora, as crianças construíram um roteiro de perguntas e escolheram suas atuações nos grupos (fotógrafos, repórteres, operadores de áudio e de vídeo, assistentes).	Laptops; cadernos; lápis e canetas	Analisar; Conceitualizar

Atividade	Descrição	Materiais	Ação de conhecimento
4. Saída para as entrevistas	Cada um dos grupos seguiu para a realização das entrevistas com quatro moradores. Os encontros, previamente marcados, foram realizados nas casas e locais de trabalho dos entrevistados: duas senhoras lavadeiras, que iniciaram o ofício no rio que corta o bairro; o dono de um pequeno mercado e a dona de uma vidraçaria. Cada grupo teve um laptop à disposição para a gravação do áudio. O combinado eram dois, mas, no momento da saída, não havia laptops disponíveis. As imagens foram registradas com o auxílio de câmeras digitais e dos celulares da professora e pesquisadora.	Câmeras digitais; celulares; laptops; gravadores de áudio; cadernos, lápis e canetas	Experienciar; Aplicar
5. Socialização das entrevistas	Os grupos se reuniram para apresentar as entrevistas realizadas. Foram ouvidos os áudios e projetadas as imagens registradas. Os integrantes relataram para os outros grupos as dificuldades para a realização da entrevista, bem como as curiosidades nas conversas com os entrevistados.	Data show; caixa de som	Conceitualizar; Analisar

Atividade	Descrição	Materiais	Ação de conhecimento
6. Oficina de *stopmotion* e *flipbook* (parte 1)	Primeiro contato dos estudantes com o *stopmotion*, técnica utilizada na construção do audiovisual coletivo. Para a explicação da técnica, foram projetados alguns vídeos e apresentado um *flipbook*, auxiliando o entendimento do processo "quadro a quadro". Como tema, foram resgatados elementos das entrevistas que diferenciaram como o bairro era "antigamente", quando os entrevistados eram crianças, de como o bairro é hoje, quando os estudantes são crianças.	Data show; caixa de som	Experienciar; Conceitualizar
7. Oficina de *stopmotion* e *flipbook* (parte 2)	Construção do roteiro coletivo para o audiovisual. Com o quadro-negro dividido em duas partes – "imagem/visual" e "som/áudio" –, as crianças relataram as características de cada período, escolheram o personagem principal, as falas, as trilhas sonoras e os elementos para o cenário. Como os estudantes se impressionaram com o "livrinho", como tarefa foram entregues pequenos bloquinhos, para que construíssem, em casa e com o auxílio dos responsáveis, histórias sobre o bairro em seus *flipbooks*.	Quadro-negro	Experienciar; Conceitualizar

Atividade	Descrição	Materiais	Ação de conhecimento
8. Socialização do "livrinho" e construção do cenário	Apresentação individual dos *flipbooks* (livrinhos). Construção do cenário coletivo, com base no roteiro coletivo e dos materiais escolhidos por cada grupo – desenhos, colagens, massinha de modelar – com a inclusão de brinquedos trazidos por eles para caracterizar algumas cenas.	Massinhas de modelar; papel crepom; cartolinas; canetinhas; tintas; brinquedos	Analisar; Aplicar
9. Filmagem coletiva	Produção das fotografias para o *stopmotion*. Para que todos se sentissem responsáveis e autores, as crianças se organizaram em duplas. Enquanto um aluno ajustava o foco e fazia a fotografia, o outro era responsável pelo movimento do objeto. O cenário foi construído em cima de uma carteira, que delimitou o enquadramento e o plano de fundo.	Câmera digital; tripé	Aplicar
10. Socialização do audiovisual em *stopmotion*	Devido a problemas com o calendário da escola, a edição do vídeo foi realizada pela pesquisadora, seguindo o roteiro coletivo. Na exposição do vídeo editado, os estudantes apontaram detalhes que não gostaram e solicitaram alterações. Atendendo aos alunos, o vídeo foi repetido quatro vezes, sendo a última, de forma pausada.	Data show; caixa de som	Conceitualizar; Analisar

No percurso acima, foi possível perceber que, para pensar a inserção dos artefatos tecnológicos no processo de ensino e aprendizagem, é preciso ponderar sua relação com a experiência e o contexto dos alunos. Com base na aprendizagem por design, o que se pretendeu foi priorizar as interações entre os sujeitos, o ambiente e as TIC, de forma a "expandir" o contexto da escola.

Com esse foco, as múltiplas linguagens e as multissensorialidades adquiriram características próprias, construídas no cenário de ação.

No entanto, essa ideia não é nova. Não por acaso, as propostas da pedagogia dos multiletramentos nos remetem à Freinet e a Freire. O questionamento de Freinet em relação à inserção das linguagens de sua época no fazer didático, à postura dialógica do professor e à importância dessa apropriação na escola, ainda na década de 1940, propõe que esse percurso se caracterize como uma *práxis concreta*. Diálogo que, como mostramos no método do inquérito, também foi enfatizado por Freire, na década de 1960. Para além dos modelos, o que importa para as atividades que se baseiam na pedagogia dos multiletramentos é a busca por modificar as relações entre alunos e professores no espaço da escola e fora dela, de forma a agenciar uma "intercomunicação" pautada nas trocas dialógicas que envolve sujeitos e ambientes.

O método do inquérito no ensino superior[18]

Em nossas práticas, optamos por utilizar o método do inquérito em diferentes disciplinas de ensino superior, no âmbito dos cursos em que atuamos – o curso de graduação em pedagogia e o programa de pós-graduação em educação da Pontifícia Universidade Católica do Rio de Janeiro – desde o ano de 2013. A fórmula pode mudar conforme o contexto, o número de alunos na turma, o tema a ser tratado e o objetivo pedagógico, mas a proposta tem sempre como foco a elaboração do conhecimento através da formulação de perguntas, ao invés de respostas, sobre os temas tratados. Apresentamos a seguir uma dinâmica em três etapas.

1. Formulação da pergunta

A turma divide-se em grupos de quatro ou cinco alunos, que procuram definir uma pergunta a partir do texto lido ou do tema

---

18   O texto desta seção foi adaptado do artigo publicado por Magda Pischetola "Perguntas: mobilizando uma metodologia ativa". *Revista Novamerica*, Número 161, p. 34-38, jan-mar 2019.

apresentado/discutido em sala. A indicação dada aos estudantes é a de buscar perguntas "abertas", ou seja, sem respostas evidentes ou detectáveis no texto de leitura. Trata-se, portanto, de perguntas de pesquisa, que articulam os conhecimentos anteriores dos alunos, às percepções advindas de sua prática professional ou de estágio, às experiências diretas do campo da educação, e aos conteúdos teóricos abordados em sala de aula. Pode-se estabelecer um tempo definido para essa primeira fase do trabalho, dependendo da dificuldade do tema abordado. Em nossa experiência, é importante que esse tempo não seja muito curto (vinte minutos a meia hora), pois de fato uma boa pergunta, uma pergunta sem respostas definidas, é difícil de ser formulada. Seguem dois exemplos advindos da nossa prática. No primeiro caso, trata-se de perguntas formuladas por alunos do curso de pedagogia no âmbito da disciplina de pesquisa educacional em 2016.2, a partir de uma aula sobre Thomas Kuhn. São elas:

> *Os paradigmas são definidos a partir da interpretação vigente sobre o que é "conhecimento" ou a noção de "conhecimento" é definida pelos paradigmas?*
>
> *Qual é o paradigma vigente nas ciências humanas (se houver)?*
>
> *Há paradigmas em educação?*
>
> *Se você ainda não tem um novo paradigma, mas percebeu as anomalias, como resolvê-las ainda sob o antigo paradigma?*
>
> *Um paradigma origina-se a partir de um posicionamento filosófico?*
>
> *Qual é o entendimento de "conhecimento" subjacente ao paradigma vigente?*

No segundo relato, apresentamos perguntas formuladas por alunos de pós-graduação na disciplina de cultura digital e educação em 2018.1, a partir do texto de Postman e Weingartner (1969) sobre o próprio método do inquérito. São elas:

Como medir as habilidades que os estudantes desenvolvem com o método do inquérito?

Existe pergunta sem resposta?

O que é necessário para alcançar a coerência entre métodos de ensino e conteúdos ensinados?

Por que as ideias dos estudantes não são valorizadas no nosso sistema escolar?

Por que é tão difícil formular uma pergunta aberta?

Os estudantes acreditam em sua capacidade de aprender?

Por que os professores não nos ensinam a fazer perguntas?

2. Resposta à pergunta de outrem

Em um segundo momento, os grupos trocam as perguntas, de modo que cada grupo recebe uma pergunta formulada por outro grupo, e tenta responder. Nessa segunda fase não é necessário definir um tempo preestabelecido, pois a auto-organização do grupo geralmente permite que a resposta seja encontrada rapidamente. Cabe destacar que em cinco anos de atuação em ensino superior, propomos essa dinâmica ao menos dez vezes, em cursos diferentes e em nenhum caso o tempo de resposta foi mais demorado do que o tempo de formulação da pergunta. Ao nosso ver, isso confirma o que Postman e Weingartner, bem como Freire, diziam com respeito às práticas estabelecidas nas escolas: os alunos estão muito mais acostumados a encontrar respostas do que formular perguntas, ainda que a tarefa seja responder a perguntas complexas e de difícil resolução.

3. Debate em plenária

Uma terceira etapa da dinâmica do método do inquérito por nós elaborada objetiva uma metarreflexão da turma sobre o processo vivenciado pelos grupos nas duas primeiras etapas. É nesse momento que os alunos relatam sua dificuldade em perguntar algo para um texto e percebem sua condescendência em acreditar na "verdade" de um texto, muitas vezes sem questionar ou entender os seus pressupostos e/ou o lugar de fala de seus autores. A oportunidade de discutir temas da educação, nesse debate, é muito rica e valiosa, pois os estudantes entendem o desafio de se constituir como "bons aprendizes", nos termos indicados por Postman e Weingartner. Aprendizes curiosos, não conformados com a informação que recebem, capazes de questionar respeitosamente a fala do outro, em busca de perguntas que abram caminhos de pesquisa e de reflexão, para além das respostas que o professor ou o autor de um texto já apresenta. Em cinco anos de nossa atuação na PUC-Rio, houve somente um aluno que disse que o momento da elaboração da pergunta foi tarefa mais simples do que a elaboração da resposta, e o grupo em que ele tinha trabalhado concordou com ele. Era um aluno nascido no ano de 2000, inscrito no primeiro período do curso de pedagogia. Sua justificativa para a dificuldade em responder à pergunta de outrem foi "tentar entender o raciocínio que estava por trás da pergunta, para poder adivinhar qual seria a melhor resposta". Está claro no depoimento desse aluno, apesar de aparentemente desconforme com o resto da turma, a ideia que corrobora a visão dos autores da proposta do método do inquérito, segundo a qual os alunos são *treinados* para adivinhar a resposta do professor, em vez de se perguntar qual a resposta na qual acreditam pessoalmente.

A partir dos exemplos apresentados, entendemos que a formulação de perguntas por parte dos alunos permite ir além da mera divisão dualista entre respostas corretas e respostas erradas e depreender que as perguntas mais interessantes são as que nos deixam na incerteza. A aplicação do método do inquérito levanta a necessidade de se adotar uma atitude humilde, uma postura que admite o "não sei". Essa atitude é extremamente importante, porque estimula a autonomia do estudante, para procurar suas próprias respostas sem contar com o certo e o errado.

Além disso, o método do inquérito é uma dinâmica muito útil para a aprendizagem não somente do aluno, mas também do professor. Frente a perguntas abertas, perguntas de pesquisa, o professor precisa se dispor a ser, ele também, um aluno que enfrenta a incerteza da resposta com atitude curiosa e humilde. Ele torna-se, assim, o "mestre ignorante" teorizado por Rancière (2013), capaz de coragem para, eventualmente, estar errado frente aos seus alunos e podendo, dessa forma, aprender deles e com eles. Não há nenhuma possibilidade de centrar a aprendizagem no aluno sem perceber que o professor precisa adquirir uma atitude humilde frente ao que surgir em sala de aula. Não há possibilidade de aplicação exitosa de uma metodologia ativa, inclusive do método do inquérito, sem a consciência de que o conhecimento é um ato em construção perene, por todos os membros que compõem um grupo, uma turma, formando uma rede invisível de nós igualmente importantes, em um determinado "aqui" e "agora".

Didática enativa no ensino fundamental de segundo segmento[19]

Como vimos, na didática enativa, o conhecimento é considerado um processo contínuo que molda nosso mundo através do jogo mútuo entre regras externas e atividades construídas internamente. No cenário atual da escola, na qual as interações são limitadas, tal reciprocidade é pouco, ou nada enfatizada. Assim, foi precisamente a ênfase na coevolução – que distingue a perspectiva enativa das formas de didática instrutiva e construtiva – que buscamos propor um percurso didático pautado na coletividade das atividades. Nele, a consideração de que todos são agentes que atuam não individualmente, mas no todo estrutural, e a participação ativa do sujeito foram tomadas como premissas necessárias para que a aplicação de um modelo enativo ocorresse de forma consistente à aprendizagem.

---

19 Parte desse conjunto de atividades foi apresentado no capítulo 'Didática Situada e Paradigma Ecológico: perspectivas e desafios para a escola', publicado no livro *Paradigmas da Educação* (Versuti, Santinello, 2019).

As propostas aqui apresentadas foram realizadas em uma pesquisa com crianças de 11-12 anos, de uma turma de sexto ano do ensino fundamental, de duas escolas públicas da cidade de Florianópolis, Santa Catarina. Para se aproximar da base enativa, optamos por um desenho de atividades com base na produção audiovisual. A perspectiva coletiva inerente à construção audiovisual que, como um elemento sociocultural, abrange a intensidade das trocas de conhecimentos, abarca os confrontos e negociações de ideias e assume a efervescência de opiniões e concepções no próprio processo de criação. Marcadamente dialógica, a produção audiovisual não só convive como assume a pluralidade de pontos de vista, promovendo o intercâmbio de saberes e novas possibilidades de expressão.

As etapas da criação audiovisual foram relacionadas a um tema curricular. Ao trabalharmos com os professores de história nas duas escolas, os temas foram os mitos de origem. Assim, a intervenção didática foi proposta da seguinte maneira: encontros com atividades voltadas para a pré-produção (pesquisa sobre o tema do audiovisual, construção do argumento, do roteiro e do *storyboard*); com o foco na produção de vídeos (*stopmotion* e tutorial); e voltados à pós-produção (finalização/ montagem, edição e apresentação para os colegas e professores).

Ressaltamos que as escolas tinham posições distintas em relação ao uso das tecnologias digitais. Na Escola 1, os equipamentos foram emprestados pela própria instituição, que mantém um projeto no qual se incentiva o uso das tecnologias digitais nas aulas e na qual a rede wi-fi é aberta. Nessa escola optamos por realizar uma produção em grupos (*stopmotion*). Na Escola 2, as tecnologias não estavam disponíveis para o uso pedagógico, somente um projetor e uma caixa de som, além de o uso do celular pelas crianças ser proibido e de não existir rede wi-fi aberta. Nessa escola, optamos por realizar um audiovisual coletivo (tutorial), usando câmeras digitais emprestadas pela pesquisadora.

Com isso, as atividades assumiram características próprias ao ambiente e aos contextos de ação, possibilitando que fossem debatidos e resolvidos pelos grupos de modo colaborativo e dentro do espaço das aulas. De modo resumido, as propostas foram organizadas da seguinte maneira nas duas escolas:

Escola	Síntese das atividades	
Escola 1	- Realização de um roteiro em duplas sobre uma narrativa mítica a partir das reflexões sobre os mitos, vistos nas aulas anteriores, visando a produção em *stopmotion*. - Construção coletiva de *storyboard*.	Pré-produção
	- Apresentação e breve discussão sobre o *storyboard*, compartilhando suas ideias com toda a turma para a produção de *stopmotion*. - Produção do audiovisual. Cada grupo utilizou um tablet (1 por grupo). Os alunos puderam explorar os espaços da escola, escolhendo a melhor locação.	Produção
	- Apresentação dos vídeos, discussão sobre a produção e sobre a postagem/armazenamento dos vídeos em *stopmotion* no canal do YouTube.	Pós-produção
Escola 2	- Criação de uma narrativa mítica autoral em duplas (pequeno texto com no máximo dez linhas). Os alunos puderam utilizar as características que mais os impressionaram sobre o mito Netuno/Poseidon, escolhido pelo professor em conjunto com os alunos e pesquisados previamente, ou criar novas. - A partir do texto, os alunos criaram uma imagem animada do mito com a técnica de animação analógica "dobradinha".	Pré-produção
	- Breve apresentação dos textos e das imagens para a construção da animação analógico-digital "ciclotrope" (zoetrope com uma roda de bicicleta) em grupos (quatro de produção + um para o registro). - Produção do roteiro coletivo para o tutorial do ciclotrope (escolha das imagens, tomadas, trilhas, legendas, outros). - Produção do audiovisual. Os alunos deverão escolher os melhores ângulos e enquadramentos para focar os movimentos do ciclotrope.	Produção
	- Apresentação do vídeo, discussão sobre a produção e postagem/ armazenamento do tutorial do ciclotrope no canal YouTube (toda a turma).	Pós-produção

A produção audiovisual foi tomada como uma oportunidade de as crianças resolverem problemas complexos de maneira colaborativa, destacando os fatores relacionados ao potencial participativo e ao pensamento ecossistêmico como: a negociação entre os pares, a criticidade, a perseverança, a adaptabilidade (autorregulação) e a metacognição. E não só. A perspectiva enativa foi uma oportunidade de crescerem juntos na emergência da criação de um mundo comum. Vale chamar a atenção para o fato de que a força da didática enativa está na reinterpretação do próprio conceito da sala de aula, e não na rigidez das atividades ou na forma como as tecnologias são usadas. Se olharmos bem, sem nos focarmos nos procedimentos e nas tecnologias, veremos que o interesse dessa didática está na colaboração, na mobilização da experiência, no aprender fazendo junto.

Assim, o enfoque didático-escolar enativo que amparou as propostas de produção audiovisual possibilitou a interação e a mútua afetação. Nesse sentido, as atividades foram inseridas em um conjunto de situações didáticas consideradas ativas, nas quais alunos e professores puderam mobilizar, juntos, o saber de ação, interação e comunicação, e configurar a sala de aula como um ecossistema.

As três propostas apresentadas compõem o que chamamos de didática situada. Nela, vislumbramos a mudança que Edgar Morin deseja para a humanidade, em direção a uma virada epistemológica capaz de considerar a complexidade do mundo real: "a epistemologia" – diz o autor – "tem necessidade de encontrar um ponto de vista que possa considerar nossa própria consciência como objeto de conhecimento" (Morin, 2011, p. 44).

Acreditamos que na didática situada, esse novo pensamento nos auxilia a encarar a crise na escola como um tempo de restauração da criatividade, da generatividade e de novas potencialidades. Para professores e alunos, esse novo entendimento de suas relações fará com que se percebam tanto como participantes de uma narrativa mais ampla, quanto como construtores de seus relatos singulares. Esse é um caminho que inclui a reflexão sobre como emergimos como sujeitos ecológicos – impulsionados e impulsionadores pela/ de nossa realidade sociocultural.

Uma reflexão que necessariamente há de se constituir como experiência concreta, e não apenas como pensamento abstrato acerca de uma situação. Uma reflexão que unifica a ação e a percepção, as intenções e as estratégias didáticas, abrindo um caminho feito de incertezas e construído pela improvisação.

Na sala de aula como ecossistema, não há apenas problemas a serem questionados e respondidos, não há apenas atividades que destacam o protagonismo do aluno e seu papel ativo no processo de aprendizagem. A dialética entre o sujeito e o objeto, o diálogo entre sujeito e ambiente, a resolução de problemas como percurso didático constituem apenas um ponto de partida, em direção a uma problematização mais ampla dos elementos em jogo na situação de ensino e a aprendizagem. O foco não está mais nas ações, nas atividades, nas operações necessárias para processar informações e, deste processamento, adquirir conhecimento. O foco está nos conhecimentos ali presentes, na situação única que professor e alunos criam com suas presenças, experiências, emoções, percepções, corpos. O foco está nas relações, interrelações, relacionamentos, interações que emergem da situação vivida. E os significados que são atribuídos, por cada sujeito, a esse conjunto de conexões, é o conhecimento. Fundamentado em reflexão, intenção, interpretação e vivência.

Bibliografia

AMIEL, T. Educação aberta: configurando ambientes, práticas e recursos educacionais. In: SANTANA, B.; ROSSINI, C.; PRETTO, N. D. L. (orgs.). *Recursos educacionais abertos. Práticas colaborativas e políticas públicas*. São Paulo: CGI.Br, 2012.

ANDRADE, M.; PISCHETOLA, M. O discurso de ódio nas mídias sociais: a diferença como Letramento Midiático e Informacional na aprendizagem. *Revista e-Curriculum*. Vol. 14, p. 1377-1394, 2016.

ARENDT, H. The Crisis of Education. In: *Between Past and Future – Six Exercises in Political Thought*. The Viking Press: New York, 1954.

BACHELARD, G. *O novo espírito científico*. Rio de Janeiro: Tempo Brasileiro. 2ª ed, 1985.

BANNELL, R. Uma faca de dois gumes. In: FERREIRA, G.; ROSADO, A.; CARVALHO, J. (orgs.). *Educação e tecnologias: abordagens críticas*. Rio de Janeiro: SESES – Universidade Estácio de Sá, 2017.

_____; DUARTE, R.; CARVALHO, C.; PISCHETOLA, M.; MARAFON, G.; CAMPOS, G. H. B. *Educação no século XXI: cognição, tecnologias e aprendizagens*. Petrópolis (RJ): Vozes, 2016.

BATESON, G. *Vers une écologie de l'esprit*. Paris: Éditions du Seuil, 1977.

_____. Una unidad sagrada. Passos ulteriores hacia una ecologia de la mente. Barcelona: Gedisa, 1993.

BECKER, F. Aprendizagem – concepções contraditórias. *Revista Eletrônica de Psicologia e Epistemologia Genéticas.* Vol.1, nº 1, p.53-74, 2008.

BENNETT, W. L.; SEGERBERG, A. *The Logic of Connective Action*: Digital Media and the Personalization of contentious Politics. New York: Cambridge, 2013.

BERGMANN, J.; SAMS, A. *Sala de aula invertida*. Uma metodologia ativa de aprendizagem. Rio de Janeiro: LTC, 2017.

BROWN, T. *Design Thinking*: uma metodologia poderosa para decretar o fim das velhas ideias. Rio de Janeiro: Elsevier, 2010.

BRUNER, J. S. The act of discovery. *Harvard Educational Review.* Vol. 31, p. 21-32, 1961.

_____. Some Elements of Discovery. *Thinking: The Journal of Philosophy for Children.* 1ª ed, vol. 3, p. 26-31, 1981.

BRUSS, N.; MACEDO, D. Toward a pedagogy of the question: Conversations with Paulo Freire. *Journal of Education*, 167 (2), p. 7–21.

CABRERA, J. P. *Mediação pedagógica e adaptação cultural*: Os professores e a partilha de sentidos sobre Redes Sociais. Dissertação de mestrado em Educação, PPGE/PUC-Rio, 2016.

CANARIO, R. Inovação educativa e práticas profissionais reflexivas. In: CANÁRIO, R.; SANTOS, I. (org.). *Educação, inovação e local*. Setúbal: ICE, 2002.

_____. *A escola tem futuro?*: das promessas às incertezas. Porto Alegre: Artmed, 2006.

_____. A educação não formal e os destinos da escola (Entrevista). In: MOSÉ, V. (org.). *A escola e os desafios contemporâneos* (4ª ed.). Rio de Janeiro: Civilização Brasileira, 2015.

CANDAU, V, M. A didática e a formação de educadores – Da exaltação à negação: a busca da relevância. In: CANDAU, V. M. (org.) *A didática em questão*. Petrópolis, RJ: Vozes, 1983.

_____. "Ideias-força" do pensamento de Boaventura Sousa Santos e a educação intercultural. *Educação em Revista.* Vol. 32, nº 1, p. 15-34, jan.-mar., 2016.

_____. Professor/a: profissão de risco? In: CANDAU, V. M. (org.). *Didática: tecendo/reinventando saberes e práticas*. Rio de Janeiro: 7 Letras, 2018.

_____. *Didática: tecendo/reinventando saberes e práticas*. Rio de Janeiro: 7Letras, 2018.

CANDAU, V. M. (org). *Reinventar a escola*. Petrópolis: Vozes, 2000.

CAPRA, F. *A teia da vida*. Uma nova compreensão científica dos sistemas vivos. São Paulo: Editora Cultrix, 1997.

CASSIRER, E. *I problemi filosofici della Teoria della Relativitá*. Lezioni 1920-1921, a cura di Renato Pettoello. Milano-Udine: Mimesis edizioni, 2015.

CHAKUR, C. R. S. *A desconstrução do construtivismo na educação*: crenças e equívocos de professores, autores e críticos. São Paulo: Editora Unesp, 2015.

CHARLOT, B. A pesquisa educacional entre conhecimentos, políticas e práticas: especificidades e desafios de uma área de saber. *Revista Brasileira de Educação*. Vol. 11, nº 31, p.7-18, jan.-abr., 2006.

CHRISTENSEN, C. M.; HORN, Michael; JOHNSON, C. W. *Disrupting Class*: How Disruptive Innovation Will Change the Way the World Learns. New York: McGraw Hill, 2008.

CLÈMENT, G. *L'Alternativa ambiente*. Macerata: Quodlibet, 2014.

COPE, B.; KALANTZIS, M. *Multiliteracies*. Literacy and the design of social futures. Lancaster: Routledge, 2000.

CUNHA, M. V. John Dewey e o pensamento educacional brasileiro: a centralidade da noção de movimento. *Rev. Bras. Educ.* [on-line]. Nº17, p.86-99, 2001.

DÉLORS, J.; AL-MUFTI, I.; AMAGI, I. et al. *Educação: um tesouro a descobrir*. Relatório para a Unesco da Comissão Internacional sobre Educação para o século XXI. São Paulo: Cortez, 1996.

DEWEY, J. *Democracia e educação:* introdução à filosofia da educação. São Paulo: Nacional, 3ª ed, 1959.

_____. *Os pensadores*. São Paulo: Abril Cultural, 1980.

_____. Education as engineering. *Journal of Curriculum Studies*. Vol. 41, n° 1, p. 1-5, 2009 [1922].

DI FELICE, M. Redes sociais digitais, epistemologias reticulares e crise do antropomorfismo social. *Revista USP*, São Paulo. N° 92, p. 6-19, dez.-fev., 2012.

DOVERS, S.R.; HANDMER, J.W. Uncertainty, sustainability and change. *Global Environmental Change*. Vol. 2, n° 4, p.262-276, 1992.

DUBET, F. Mutações cruzadas: a cidadania e a escola. *Revista Brasileira de Educação*. Vol.16, n° 47, ago., 2011.

FADEL, L. M.; ULBRICHT, V. R.; BATISTA, C. R.; VANZIN, T. (orgs.). *Gamificação na educação*. São Paulo: Pimenta Cultural, 2014.

FEYERABEND, P. *Adeus à razão*. São Paulo: Editora Unesp, 2010.

FICHTNER, B. O conhecimento e o papel do professor. In: LIBANEO, J. C.; ALVES, N. (orgs.). *Temas de pedagogia*. São Paulo: Cortez, 2012.

FREINET, C. *O jornal escolar*. Lisboa: Editorial Estampa, 1974.

FREIRE, P. *Pedagogia da autonomia*. Saberes necessários à prática educativa. Rio de Janeiro: Paz e Terra, 1996.

_____. *A importância do ato de ler em três artigos que se completam.* São Paulo: Cortez, 2010.

_____. *Pedagogia da autonomia*. Saberes necessários à prática educativa. Rio de Janeiro: Paz e Terra, 2002 [1996].

FREIRE, P.; FAUNDEZ, A. *Por uma pedagogia da pergunta*. Rio de Janeiro: Paz e Terra, 1985.

FROST, S. E. Jr. (org.). *Basic Teachings of the Great Philosophers*. New York: Doubleday & Company, Inc., 1962.

GADOTTI, M. *Educação Integral no Brasil:* inovações em processo. São Paulo: Editora e Livraria Instituto Paulo Freire, 2009.

GEE, J. P. *Situated language and learning*: a critique of traditional schooling. London: Routledge, 2004.

_____. *Language and Literacy*: Reading Paulo Freire Empirically, 2009. Disponível em: <http://jamespaulgee.com/pdfs/Reading%20Freire%20 Empirically.pdf>. Acesso em: novembro de 2018.

_____. *New digital media and learning as an emerging area and "worked examples" as one way forward*. The John D. and Catherine T. MacArthur Foundation reports on digital media and learning, 2010.

_____. The New Literacy Studies. In: Rowsell, J; Pahl, K. *The Routledge handbook of literacy studies*. London: Routledge, p. 35-48, 2015.

ILLICH, I. *Sociedade sem escolas*. Petrópolis, RJ: Vozes, 1985.

KALANTZIS, M.; COPE, B. The work of writing in the age of its digital reproducibility. In: ABRAMS, S. S.; ROWSELL, J. *Rethinking identity and literacy education in the 21st century*. New York: Teachers College Press, vol. 110: 1, p. 40-87, 2011.

KNOWLES, M. *The Adult Learner: A Neglected Species*. Houston: Gulf Publishing Company, 1973.

KUHN, T. *A estrutura das revoluções científicas*. São Paulo: Editora Perspectiva S.A, 6ª ed., 1998.

_____. *O caminho desde a estrutura:* ensaios filosóficos 1970-1993. São Paulo: Unesp, 2006.

JAPIASSU, H. *Introdução à epistemologia da psicologia*. Rio de Janeiro: Imago Editora, 1979.

JENKINS, H. Transmedia Storytelling. Moving characters from books to films to video games can make them stronger and more compelling. *MIT Technology Review*. January 15, 2003.

LEMKE, J. L. Letramento metamidiático: transformando significados e mídias. *Trab. Ling. Aplic. Campinas*. Vol. 49, nº 2, p. 455-479, jul.-dez., 2010.

LIBÂNEO, J. A didática e as exigências do processo de escolarização: formação cultural e científica e demandas das práticas socioculturais. *Anais do III ENDIPE* – Encontro Nacional de Didática e Prática de Ensino. Anápolis (GO), out., 2009.

LIEDTKA, J. Why Design Thinking Works. *Harvard Business Review*. 5ª ed, vol. 96, p. 72-79, set.-out., 2018.

LIMA, L. Escolarizando para uma educação crítica: a reivindicação das escolas como organizações democráticas. In: Teodoro, A.; Torres, C.A. (orgs.). *Educação crítica & utopia*: Perspetivas para o século XXI. São Paulo: Cortez Editora, p. 19-34, 2006.

LIMA, A. A. S.; ROVAI, E. *Escola como desejo e movimento*. Novos paradigmas, novos olhares para a educação. São Paulo: Cortez, 2015.

LIVINGSTONE, S. *Internet literacy*: a negociação dos jovens com as novas oportunidades on-line. Matrizes. Ano 4, nº 2, p. 11-42, jan.-jun., 2011.

LOPES, A. Aula expositiva: superando o tradicional. In: VEIGA, I. P. A. (org.). *Técnicas de ensino: Por que não?* Campinas (SP): Papirus, 2011.

LOPEZ, A. *Greening the Media Literacy Ecosystem*: Situating Media Literacy for Green Cultural Citizenship. Ph.D. thesis in Sustainability Education. Prescott College, May, 2013.

LORENZ, E. N. Deterministic nonperiodic flow. *Journal of the atmospheric sciences.* Vol. 20, p. 130-141, mar., 1963.

MACHADO, N. J. *Epistemologia e didática*: as concepções de conhecimentos e inteligência e a prática docente. São Paulo: Cortez, 2002.

MAFFESOLI, M. Ecosofia: sabedoria da Casa Comum. *Revista Fameco:* mídia, cultura e tecnologia. Vol. 24, nº 1, jan.-abr., 2017.

MATURANA, H; VARELA, F. *A árvore do conhecimento*: as bases biológicas da compreensão humana. São Paulo: Palas Athena, 2001.

MCLUHAN, M. *The Gutenberg Galaxy*: the making of typographic man. Toronto: University Toronto Press, 1962.

_____. *Understanding Media*: the extensions of man. New York: New American Library, 1964.

_____. *Mutations 1990.* Paris, France: Maison Mame; Montréal, Qc: Éditions HMH, 1969.

MELLOUKI, M.; GAUTHIER, C. O professor e seu mandato de mediador, herdeiro, intérprete e crítico. *Educ. Soc.* Campinas. Vol. 25, nº 87, p. 537-571, mai.-ago., 2004.

MELUCCI, A. *Por uma sociologia reflexiva*. Pesquisa qualitativa e cultura. Petrópolis (RJ): Vozes, 2005.

MERLEAU-PONTY, M. *Fenomenologia da percepção*. São Paulo: Martins Fontes, 1996.

MESQUITA, S. *Professor, ensino médio e juventude*: entre a didática relacional e a construção de sentidos. Rio de Janeiro: Editora PUC-Rio, 2018 (e-book).

MILLS, C. W. On Intellectual Craftsmanship. *The Sociological Imagination*. Oxford U. Press, 1959.

MIRANDA, M. G. Pedagogias psicológicas e reforma educacional. In: DUARTE, Newton (org.). *Sobre o construtivismo*. Campinas (SP): Autores Associados, 2005.

MIRANDA, L. V. T. *Multissensorialidades e aprendizagens*: usos das tecnologias móveis pelas crianças na escola. Dissertação de mestrado em Educação. PPGE/UFSC, 2013.

_____. *Saberes de ação, interação e comunicação*: Metodologia ativa e resolução colaborativa de problemas com crianças na escola. Tese de doutorado em Educação, PPGE/UFSC, Florianópolis (SC), 2016.

_____; PISCHETOLA, M. A interação como potência comunicativa na escola: um estudo sobre a resolução colaborativa de problemas. *Ação Midiática*. Nº 15, p. 151-166, jan.-jun., 2018.

_____; PISCHETOLA, M. Didática Situada e Paradigma Ecológico: Perspectivas e Desafios para a Escola. In: VERSUTI, A.; SANTINELLO, J. (Orgs.) *Paradigmas da educação*. Aveiro: Ria Editorial, 2019.

MOLDAN, B.; JANOUAKOVÁ, S.; HÁK, T. How to understand and measure environmental sustainability: Indicators and targets. *Ecological Indicators*. Vol.17, p. 4-13, 2012.

MONTESSORI, M. *Educare alla libertá*. Milano: Mondadori, 2008 [1909].

MORAES, M. C. Complexidade e currículo: por uma nova relação. *Polis – Revista Latinoamericana*. Nº 25, p. 1-20, 2010.

MORIN, E. A noção de sujeito. In: SCHNITMAN, D. F. (org.). *Novos paradigmas, cultura e subjetividade*. Ohio: Taos Institute Publications/ WorldShare Books, 2014.

_____. *Introdução ao pensamento complexo*. Porto Alegre: Sulina, 2011.

_____. *Os sete saberes necessários à educação do futuro*. São Paulo: Cortez, 2014.

_____; LE MOIGNE, J. L. *A inteligência da complexidade*. São Paulo: Editora Peirópolis, 2007.

MOYSÉS, M. A.; GERALDI, J.; COLLARES, C. As aventuras do conhecer: da transmissão à interlocução. *Educação & Sociedade*. Ano XXIII, nº 78, abr., 2002.

NAUMANN, L. A. *Multiletramentos na sala de aula:* entre a intuição e a intencionalidade. Dissertação de mestrado em Educação, PPGE/PUC-Rio, 2016.

_____; PISCHETOLA, M. Práticas de leitura e autoria na perspectiva dos multiletramentos: relato de pesquisa em escolas municipais do Rio de Janeiro. *Revista Nuances*. Vol. 28, p. 127-146, 2017.

NEW LONDON GROUP. A pedagogy of multiliteracies: designing social futures. *Harvard Educactional Review*. Vol. 66, nº 1, 1996.

PAPERT, S. *Logo: computadores e educação*. São Paulo: Brasiliense, 1986.

PIAGET, J. *Para onde vai a educação?* Rio de Janeiro: Livraria José Olympio Editora/Unesco, 1973.

PIREDDU, M. Hacking education: a formação entre a abertura e a tecnologia. *Espaço Pedagógico*. Passo Fundo. Vol. 20, nº. 2, p. 246-260, jul.-dez., 2013.

PISCHETOLA, M. Tecnologia em sala de aula: contribuições para uma pedagogia sustentável. *Anais da 37ª Reunião Anual – ANPEd*. Florianópolis. Outubro de 2015.

_____. *Inclusão digital e educação*: a nova cultura da sala de aula. Petrópolis/Rio de Janeiro: Vozes/PUC-Rio, 2016.

_____. Inovação pedagógica e tecnologias, um processo de imersão cultural. *Anais do XIX ENDIPE*, Salvador/Bahia. Setembro de 2018. (2018a)

_____; MIRANDA, L. V. T. Metodologias participativas e projeto UCA: a busca pela tecnologia como cultura. *Perspectiva*. Vol. 33, p.545 – 572, 2015.

_____;_____. Metodologias ativas: uma solução simples para um problema complexo?, *Revista Educação e Cultura Contemporânea*, Vol. 16, nº 43, p. 30-56, 2019.

_____. Cultura digital, tecnologias de informação e comunicação e práticas pedagógicas. In: CANDAU, V. M. (org.). *Didática: tecendo/reinventando saberes e práticas*. Rio de Janeiro: 7 Letras, 2018. (2018b)

_____; DALUZ, L. B. A ecologia dos meios e a tecnologia como imersão cultural. *Revista Contrapontos*. Vol. 18, nº 3, p. 197-211, jul.-set., 2018.

PISCHETOLA, M. Perguntas: mobilizando uma metodologia ativa. *Revista Novamerica*, nº 161, p. 34-38, jan-mar 2019.

_____; HEINSFELD, B. D. Tecnologias, estilo motivacional do professor e democracia em sala de aula. *Seminário Redes Educativas*. Uerj – Rio de Janeiro, junho de 2017.

_____; _____. "Eles já nascem sabendo!": desmistificando o conceito de nativos digitais no contexto educacional. *Revista Novas Tecnologias na Educação*. Vol. 16, nº 1, p. 1-10, jul., 2018.

_____; _____; SILVA, M. P. "Ser" e "dever ser": os discursos dos docentes sobre as práticas com tecnologias na escola. *Anais do XIX ENDIPE*. Salvador/Bahia. 03-06 de setembro de 2018.

POSTMAN, N. *Tecnopólio*: a rendição da cultura à tecnologia. São Paulo: Nobel, 1994.

_____; WEINGARTNER, C. *Contestação – nova fórmula de ensino*. Rio de Janeiro: Expressão e Cultura, 1978 [1969].

RANCIÈRE, J. *O mestre ignorante*. Cinco lições sobre emancipação intelectual. Belo Horizonte: Autêntica, 2013.

REY, O. *Itinerari dello smarrimento*. E se la scienza fosse una grande impresa metafisica? Milano: Edizioni Ares, 2013.

ROSSI, P. G. *Didattica enattiva*. Complessità, teorie dell´azione, professionalità docente. Milano: Franco Angeli, 2011.

ROSSLER, J. H. Construtivismo e alienação: as origens do poder de atração do ideário construtivista. In: DUARTE, Newton (org.). *Sobre o construtivismo*: contribuições a uma análise crítica. Campinas (SP): Autores Associados, 2005.

SACAVINO, S.; CANDAU, V. M. Ensino híbrido: possibilidades e questões. In: CANDAU, V. M. (org.) *Didática: tecendo/reinventando saberes e práticas*. Rio de Janeiro: 7 Letras, 2018.

SAMAIN, E. Alguns Passos em Direção a Gregory Bateson. *Revista Ghrebh*. Vol. 1, nº 5, 2004.

SANTOS, B. de S. (org.). *Conhecimento prudente para uma vida decente*: um discurso sobre as ciências revisitado. São Paulo: Cortez, 2ª ed., 2006.

SARTORI, S; LATRÔNICO, F; CAMPOS, L. M. S. Sustentabilidade e desenvolvimento sustentável: uma taxonomia no campo da literatura. *Ambiente & Sociedade*. Vol. XVII, nº 1, p. 1-22, jan.-mar., 2014.

SCAPENS, R. Researching management accounting practice: the role of case study method. *British Accounting Review*. Nº 22, p. 259-281, 1990.

SCOLARI, C. A. Narrativas Transmídia: consumidores implícitos, mundos narrativos e branding na produção de mídia contemporânea. *Revista Parágrafo*. Vol. 3, nº 1, p. 7-19, jan.-jun., 2015.

_____. *Transmedia literacy in the new media ecology*: white paper. Barcelona: Universitat Pompeu Fabra. Departament de Comunicació, 2018.

SFORNI, M. S. A trajetória da didática no Brasil e sua (des)articulação com a teoria histórico-cultural. *Revista HISTEDBR on-line*. Nº 61, p. 87-109, mar., 2015.

SILVA, C. R. V. *Trabalho docente e inovação:* a perspectiva da OCDE para as políticas educacionais. Tese de doutorado em Educação, PPGE/UFPR. Curitiba (PR), 2015.

SOARES, M. Novas práticas de leitura e escrita: letramento na cibercultura. *Revista Educ. Soc*. Vol. 23, nº 81, p.143-160, dez., 2002.

SPENCER, H. *Essays of education and kindred subjects*. London: J. M. Dent & Sons, Ltd., 1911.

STRATE, L. A Media Ecology Review. *Communication Research Trends*. Vol. 23, nº 2, 2004.

TESCAROLO, R. *A escola como sistema complexo*. São Paulo: Editora Escrituras, 2004.

THIOLLENT, M. *Metodologia da pesquisa-ação*. São Paulo: Cortez, 2000.

VALENTE, J. A. A sala de aula invertida e a possibilidade do ensino personalizado: uma experiência com graduação em midialogia. In BACICH, L.; MORAN, J. (org.). *Metodologias ativas para uma educação inovadora*: uma abordagem teórico-prática. Porto Alegre: Penso, 2018.

VAN DER MAREN, J. M. *Méthodes de recherche pour l'education*. Montréal: De Boeck Université, 2003.

VARELA, J. F. L'auto-organisation: de l'apparence au mécanisme. In: DUMOUCHEL D. P.; DUPUY J. P. (dir.). *L'auto-organisation; du physique au politique*. Paris: Seuil, 1994.

_____; THOMPSON, E; ROSCH, E. *A mente incorporada*. Porto Alegre: Artmed, 2003.

VEIGA, I. P. A. (org.). *Técnicas de ensino: Por que não?* Campinas (SP): Papirus, 2017.

VEIGA-NETO, A. Crise da modernidade e inovações curriculares: da disciplina para o controle. *Anais do XIV ENDIPE*, Trajetórias e processos de ensinar e aprender: sujeitos, currículos e culturas. Porto Alegre: PUC-RS, p. 35-58, 2008.

VON BERTALANFFY, L. An outline of general system theory. *British Journal for the Philosophy of Science*. Nº 1, p. 134-165, 1950.

WINKIN, Y. *A nova comunicação*. Da teoria ao trabalho de campo. São Paulo: Papirus, 1998.

CULTURAL

Administração
Antropologia
Biografias
Comunicação
Dinâmicas e Jogos
Ecologia e Meio Ambiente
Educação e Pedagogia
Filosofia
História
Letras e Literatura
Obras de referência
Política
Psicologia
Saúde e Nutrição
Serviço Social e Trabalho
Sociologia

CATEQUÉTICO PASTORAL

Catequese
  Geral
  Crisma
  Primeira Eucaristia

  Pastoral
    Geral
    Sacramental
    Familiar
    Social
    Ensino Religioso Escolar

TEOLÓGICO ESPIRITUAL

Biografias
Devocionários
Espiritualidade e Mística
Espiritualidade Mariana
Franciscanismo
Autoconhecimento
Liturgia
Obras de referência
Sagrada Escritura e Livros Apócrifos

Teologia
  Bíblica
  Histórica
  Prática
  Sistemática

REVISTAS

Concilium
Estudos Bíblicos
Grande Sinal
REB (Revista Eclesiástica Brasileira)

VOZES NOBILIS

Uma linha editorial especial, com importantes autores, alto valor agregado e qualidade superior.

VOZES DE BOLSO

Obras clássicas de Ciências Humanas em formato de bolso.

PRODUTOS SAZONAIS

Folhinha do Sagrado Coração de Jesus
Calendário de mesa do Sagrado Coração de Jesus
Agenda do Sagrado Coração de Jesus
Almanaque Santo Antônio
Agendinha
Diário Vozes
Meditações para o dia a dia
Encontro diário com Deus
Guia Litúrgico

CADASTRE-SE
www.vozes.com.br

EDITORA VOZES LTDA.
Rua Frei Luís, 100 – Centro – Cep 25689-900 – Petrópolis, RJ
Tel.: (24) 2233-9000 – Fax: (24) 2231-4676 – E-mail: vendas@vozes.com.br

UNIDADES NO BRASIL: Belo Horizonte, MG – Brasília, DF – Campinas, SP – Cuiabá, MT
Curitiba, PR – Fortaleza, CE – Goiânia, GO – Juiz de Fora, MG
Manaus, AM – Petrópolis, RJ – Porto Alegre, RS – Recife, PE – Rio de Janeiro, RJ
Salvador, BA – São Paulo, SP